KOMPASS
Wanderbuch

KÄRNTNER SEEN
KLAGENFURT

Heinz Fleischmann GmbH u. Co. · Geographischer Verlag
München · Innsbruck · Bolzano/Bozen

Texte, Wegbeschreibungen: Friedrich Köck
Geologie: Dr. I. Fleischmann-Niederbacher
Redaktion: Dr. H. Teutsch
Wir danken der Landesfremdenverkehrswerbung Kärnten und den unten angeführten Gemeinden für die freundliche Beratung und Bildauswahl.
Bildverzeichnis: Titelbild: Abendstimmung am Wörther See mit Maria Wörth (Dr. Gerd Wagner).
Hagner S. 45; Dr. K. Hellig S. 47, S. 97; Kurverwaltung Velden S. 43; LFVA Kärnten S. 48/49, S. 69, S. 90 (Foto Raab), S. 105; FVA Klagenfurt S. 22; FVV Eisenkappel S. 101; FVV Feistritz S. 84; FVV Feldkirchen S. 61; FVV Ferlach (H. Ogris) S. 75, S. 79, S. 87, S. 119; FVV Keutschach S. 6; FVV Krumpendorf S. 31; FVV Ossiach S. 65; FVV Reifnitz S. 18/19; FVV Schiefling S. 41; FVV Viktring S. 29; Hofstätter S. 25; Dr. H. Teutsch S. 11.

ISBN 3-87051-480-9

Verlagsnummer 981

Vorwort

In einer Zeit, in der Erholung und Entspannung zu Recht große Bedeutung beigemessen werden, zieht es den Menschen hinaus in die Natur, um bei Freizeitaktivitäten den Alltagsstreß zu mindern. Naturbelassene Landschaft und eine saubere Umwelt werden auch in der Zukunft immer mehr an Bedeutung gewinnen. Hier hat Kärnten im letzten Jahrzehnt vorgesorgt. Die Wasserqualität der Badeseen ist allerorts hervorragend! – Wenn zudem noch die Ausflugsziele derart beschaffen sind, daß sie eine reiche Auswahl an Erholungsmöglichkeiten und Freizeiterlebnissen bieten, dann werden der Besucher und der Urlaubsgast gern wiederkehren.

In dieser Hinsicht ist ja das Kärntner Land reich gesegnet, denn eng nebeneinander liegen Berge und Seen, Kulturdenkmäler, Stifte, Schlösser und andere Sehenswürdigkeiten, die von jahrtausendealter Geschichte berichten.

Die Anziehungskraft, die das Gebirge auf den Besucher und Aktivurlauber ausübt, machte das Kärntner Seengebiet, das Gurk- und Glantal sowie das Rosental mit den Karawanken schon vor Jahrhunderten zum gern besuchten Ziel, das zu allen Jahreszeiten den Ansprüchen des Gastes bestens nachkommt. Weit spannt sich die Palette der Tourenmöglichkeiten: Von der beschaulichen Wanderung durch das Keutschacher Seental bis zum Waldspaziergang am Ossiacher Tauern, vom Besuch auf Hochosterwitz bis zum Erklimmen der Koschuta reicht der weitgespannte Bogen an empfehlenswerten Touren. Es war nicht einfach, aus der Vielzahl von Wanderzielen siebzig der schönsten Routen auszuwählen und dabei objektiv den Geschmack jedes Wanderers zu treffen. Die Wanderungen und Bergtouren wurden nach eigenem Erleben des Autors beschrieben. Übersichtliche Kärtchen erleichtern das Zurechtfinden während der Wanderung und über das Bemerkenswerte am Wegesrand gibt das Ortsverzeichnis umfassende Auskunft.

So wird sicherlich auch dieses KOMPASS-Wanderbuch seine Freunde finden, die an den Kärntner Seen und um Klagenfurt den Urlaub und ihre Freizeit verbringen.

Dr. Ingo Zlamal
Landesfremdenverkehrsdirektor
von Kärnten

Inhaltsverzeichnis

Kärntner Seen – Klagenfurt

Vorliegendes KOMPASS-Wanderbuch K 981 »Kärntner Seen – Klagenfurt« hat Österreichs wohl beliebtestes Urlaubsgebiet mit einer Auswahl seiner unerschöpflichen Wandermöglichkeiten zum Inhalt. Zwischen Magdalensberg und Loiblpaß, Hochobir und Gerlitzen liegen Badeseen unterschiedlichster Größe, die Ihre Entstehung dem Drautalgletscher in seiner nacheiszeitlichen Rückzugsphase verdanken.
Wo die Vellach, von Süden aus den Karawanken kommend, in die Drau mündet, endet jener Abschnitt des Drautales, den man **Rosental** nennt. Es wird im Süden von den Karawanken begleitet, während es im Norden durch das aus Konglomeratgestein aufgebaute Hügelland der Sattnitz vom Klagenfurter Becken getrennt wird. Der Name des Rosentales wird von dem hier im Mittelalter herrschenden Geschlecht der Herren von Rosegg abgeleitet. Im Vergleich zu seinem weiträumigeren Westteil verengt sich das Rosental östlich von Ferlach beträchtlich. Neben der Kleinstadt Ferlach ist hier der Ort St. Margareten im Rosental die bedeutendste Siedlung. Der wenig fruchtbare Boden zwingt die meist gemischtsprachige Landbevölkerung zu genügsamer Lebensweise und zusätzlichem Erwerb in der Heimarbeit. Das Rosental ist eine Heimstatt des Kärntner Liedes, dieses vielstimmig gesungenen Volksliedes, das im ganzen Land mit Stolz und Eifer gepflegt wird. Gegenüber der Vellachmündung, hart unter dem steil abfallenden Konglomeratfelsen des Skarbin, hat die Drau den Durchbruch aus dem Rosental vollzogen und tritt in die offene Landschaft des Jauntales oder auch Jaunfeldes ein. Zwischen der Drau und den Ausläufern des Hochobir und der Petzen wechseln hier in den Niederungen grüne Wiesen und goldene Getreidefelder mit waldumsäumten Hügeln. Von ihren Höhen blicken zahlreiche Kirchen auf die bescheidenen Siedlungen nieder. Nördlich des gleichnamigen Stausees liegt die Bezirksstadt Völkermarkt, südöstlich davon dehnt sich zwischen Eberndorf und Bleiburg die Dobrawa aus, ein urwaldähnliches Forstgebiet, der idealste Schwammerlwald Österreichs. Das Jauntal, der östlichste Teil des Kärntner Drautales, hat eine Geschichte, die bis in die Urzeit zurückreicht.
Zahlreiche Ausgrabungsstätten zeugen von einer glanzvollen Frühgeschichte des Landes. Etwa 1000 v. Chr. wanderten illyrische und keltische Stämme in das Land an der Drau ein. Um 16 v. Chr. wurde Kärnten, das als politische Individualität das älteste österreichische Bundesland ist, als Provinz Noricum dem römischen Reich eingegliedert. Sehr bald brachten die ersten Missionare das Christentum. Nach den Wirren der Völkerwanderung drangen von Osten her die Slowenen, von Westen her die Baiern ein. Wo die slawische Besiedlung am dichtesten war, im Gail-, Rosen- und Jauntal, blieb das »windische« Volkstum bis zum heutigen Tage erhalten. Die seit über einem Jahrtausend hier siedelnde slawische Minderheit genießt mit vollem Recht den Schutz des österreichischen Staates, hat ihre eigenen Schulen und ein ungebrochenes Kulturleben. Im 8. Jahrhundert wird »Karantanien«, so heißt nun das Land, an das Herzogtum Bayern angegliedert und schließlich in das karolingische Reich eingefügt. 976 wurde Kärn-

Blick über Hafner- und Keutschacher See auf Klagenfurt

ten zum eigenständigen Herzogtum erhoben. 1269 beerbte der Przemyslide König Ottokar II. von Böhmen die Kärntner Herzöge, unterlag aber dann 1278 in der Schlacht auf dem Marchfeld dem Kaiser Rudolf von Habsburg, der daraufhin Kärnten an die Grafen von Görz und Tirol verlieh. Bei deren Aussterben fiel das Land 1335 endgültig an die Habsburger. Furchtbar wüten im 15. Jahrhundert die Türken im Lande; die zahlreichen Wehrkirchen des Rosen- und Jauntales erinnern an diese Zeit. Die schlimmsten Tage seit der Heimsuchung durch die Türken brachen für Südkärnten mit dem Ende des Ersten Weltkrieges, 1918, an, als die Jugoslawen den südöstlichsten Teil Kärntens besetzten und für sich beanspruchten. Trotz der aussichtslos scheinenden Lage beschloß die provisorische Kärntner Landesversammlung den bewaffneten Widerstand. Die Kärntner, Slowenen und Deutschen drängten die jugoslawischen Truppen während des Winters 1918/19 in blutigem Kampf zurück. Der Ausgang der unter internationaler Kontrolle durchgeführten Volksabstimmung am 10. 10. 1920 in der Abstimmungszone A (vorwiegend südlich der Drau) entschied dann den Verbleib Südostkärntens bei Österreich. Dabei stimmten 22.025 Personen oder 59% für Österreich, 15.279 Personen oder 41% für Jugoslawien (Zahlen aus: R. Vospernik: »Die Slowenen in Österreich«, in: M. Straka, Hrsg. »Handbuch der europäischen Volksgruppen« Wien, 1970).

Das Jauntal

Das Herzstück des Jauntales bildet der Vier-Seen-Winkel um den fischreichen Klopeiner See (Länge: 1,8 km, Breite: 0,8 km, Fläche: 120 ha, Tiefe: 48 m). Abseits des großen Verkehrs, inmitten hügeliger Wälder bietet dieser wärmste Badesee Österreichs (bis zu 28 Grad) durch seine wind- und staubgeschützte Lage und die herrliche Umgebung einen lohnenden Sommeraufenthalt. Kaum durch Ackerbreite vom Klopeiner See getrennt liegt der Kleinsee und etwas weiter im Süden der reizende und weitgehend unverbaute Turnersee, von dem aus man einen prächtigen Blick auf die Steiner Alpen genießt, deren Gebirgsstock sich südlich, auf jugoslawischem Gebiet, an die Karawankenkette anschließt und diese an Höhe noch überragt. Direkt an der Straße von Völkermarkt zum Seebergsattel lädt der Gösselsdorfer See zum Bade. An den Ufern des fischreichen, nur 6 m tiefen Sees leben die verschiedensten Wasservögel, weshalb er zum Naturschutzgebiet erklärt wurde. Das warme, kalkmushaltige Wasser gilt als heilkräftig.

Der wichtigste Nebenfluß in diesem Gebiet ist die im äußersten Südzipfel des Kärntner Landes unter dem Sanntaler Sattel entspringende Vellach. Der Name bedeutet soviel wie Weißenbach, was tatsächlich auf den wildromantischen Oberlauf zutrifft, wo dieses Wasser in seinem Felsbett gischtet und den weißen Schaum an die Oberfläche treibt. Erst hinter Miklauzhof wälzt sich die Vellach langsam durch das freundliche Hügelland und erreicht bei Gallizien die Drau.

Schon im Mittelalter hat man die Kraft der Vellach in den Dienst der Eisenverarbeitung gestellt und an ihren Ufern Hammerwerke errichtet. So wurden das Tal und der Seebergsattel schon im 16. Jahrhundert zur berühmten Eisenstraße zwischen Kärnten und seinen südlichen Nachbarn. Reich ist das Vellachtal an sprudelnden Sauerquellen, von denen die Carinthiaquelle bei Eisenkappel sowie der Vellacher und der Ebriacher Sauerbrunnen die wichtigsten sind. Von 1905 bis 1965 verkehrte eine Schmalspurbahn zwischen Kühnsdorf und Eisenkappel; inzwischen wurde der Bahnverkehr durch den Omnibus ersetzt.

Das Rosen- und Jauntal wird im Süden vom östlichsten Teil der **Karawanken** begrenzt, die seit 1919/20 den Grenzkamm zwischen dem österreichischen Bundesland Kärnten und der jugoslawischen Teilrepublik Slowenien bilden. Dieses in West-Ost-Richtung sich hinziehende Gebirge gehört zu den Südlichen Kalkalpen. Hoch über prächtigen Buchenwäldern steigt die langgestreckte Felsmauer empor, die sich in einer unüberschaubaren Kette von spitzen Graten, Felsbastionen und weißen Schutthalden bis an die Ostgrenze Kärntens schwingt. Die grauen Wände aus Triaskalken verwandeln sich im Sonnenschein in helles Weiß. Die Vorberge weisen nicht selten runde Kuppen und breite Rücken mit sanften Hängen auf, besonders dort, wo Tonschiefer und andere weiche Gesteine unter den Kalklagern, die von Süden her auf die weichere Unterlage aufgeschoben wurden, zutage treten. Die Gesteinsschichten enthalten vielerorts namhafte Lager von Blei und Zink, so zum Beispiel im seit 1919 zu Jugoslawien gehörenden Mießtal. Auch an der Petzen und östlich des Hochobir wurde früher Blei abgebaut. Berühmt sind die nackten Felsen und Türme der langen Mauer der Koschuta, die nur geübten Kletterern zugänglich ist. Steil fällt sie ins Zelltal ab, ihre höchste Erhebung erreicht sie im 2.136 m hohen Koschutnikturm. Nur auf jugoslawischem Gebiet gibt es sanft abfallende Almen, die den friedlichen Namen Koschuta, der soviel wie »Hirschkuh« bedeutet, rechtfertigen. Das östlichste Steinhaupt der Karawanken ist die durch einen Sessellift erschlossene Petzen mit der 2.114 m hohen Feistritzer Spitze. Dem Skiläufer stehen im Winter mehrere Schlepplifte zur Verfügung. Der bekannte Aussichtsberg weist mehrere dunkle Höhlen auf, um die sich die Sage vom ungarischen König Matthias Corvinus (1458—1490) rankt, den die Slowenen als einen ihrer größten Herrscher verehren. Herrlich ist der Blick von der Petzen auf die Steiner Alpen, das Jaun- und Lavanttal.

Eine Rangordnung der **Kärntner Seen** aufzustellen, erweist sich als unlösbar, denn jeder Urlaubsgast beurteilt Lage, Umgebung, Gastlichkeit, Ufergelände und Nähe zur Landeshauptstadt unterschiedlich. Aichwaldsee, Baßgeigensee, Faaker See, Forstsee, Hafnersee, Keutschacher See, Klopeiner See, Maltschacher See, Mitterteich, Ossiacher See, Rauschelesee, Saisser See, Spintnikteiche, Strußnigteich, Wörther See, Völkermarkter Stausee, sowie die zahlreichen Teiche und Staustufen der Drau bieten außer Bademöglichkeiten und Wassersportaktivitäten auch Rundwege und Wandermöglichkeiten. Im Brennpunkt des Interesses jedoch steht der Wörther See, über den die Sage folgendes zu berichten weiß: »Die Bewohner einer längst versunkenen Stadt führten ein sittlich ausschweifendes Leben. Als Warnung gebot ein Männlein mit einem Fäßchen unterm Arm der Bevölkerung Einhalt und Umkehr vor ihrem liederlichen Treiben. Nach drei-

maliger Ermahnung, die allerdings ohne Erfolg blieb, und als noch dazu das Männlein verspottet wurde, öffnete dieses den Hahn des Fäßchens und Wasser ergoß sich über die Stadt, deren sündige Bewohner ertranken. Das Wasser aber sammelte sich im Wörther See.«
Die Glaziologen weisen auf eine andere Entstehungsmöglichkeit hin:
Der Draugletscher besaß während der Eiszeit in seinen zahlreichen Zuflüssen ein großes Nährgebiet und konnte sich so fast über das gesamte Klagenfurter Becken ausdehnen. Bei Villach schätzt man seine ehemalige Mächtigkeit mit 1.600 Metern, bei Klagenfurt maß die Dicke des Eises immerhin noch 1.000 Meter. Die Gletscherzunge erreichte noch Völkermarkt. Der glaziale Formenschatz ist besonders im Jaunfeld, dem größten inneralpinen Niederterrassenfeld, noch heute zu erkennen. Nach dem Rückzug des gewaltigen Eisstroms füllten sich die ausgeschürften Mulden mit den Flußablagerungen und vor allem mit Wasser, wodurch sich im Endeffekt die heutige reizvolle Kärntner Seenlandschaft ergab. Von den vier über 10 Kilometer langen Talseen Kärntens, dem Millstätter See, Weißensee, Ossiacher See und Wörther See, ist letzterer mit 19,437 Quadratkilometern der größte. Seine Länge beträgt etwa 16,5 Kilometer und seine größte Tiefe liegt zwischen Unterdellach und Pörtschach bei 84,6 Metern. Dadurch, daß der blaugrüne, das heißt wenig Humusstoffe enthaltende See von keinem größeren Fluß durchflossen wird, ist die Möglichkeit rascher Erwärmung während des Sommers gegeben. Die relativ lange Badesaison an der »Riviera Österreichs« von Mai bis Anfang Oktober, bei Temperaturen bis zu 27 Grad Celsius, hat auch zur Entwicklung des Fremdenverkehrs beigetragen. Die Beckenlage Klagenfurts führt im Winter zu großen Temperaturinversionen, sodaß der Wörther See zufriert und man oft bis in den März auf seiner Oberfläche eislaufen kann.
Maria Wörth, das im Jahre 883 als »Werd« erstmals urkundlich genannt wird, gab dem See seinen Namen. Allerdings war damals die Kirche noch auf einer Insel gelegen und der See dehnte sich bis weit nach Osten, etwa bis Waidmannsdorf aus. Die wirtschaftliche Bedeutung des Wörther Sees wuchs, als bald nach der Gründung Klagenfurts durch die Spanheimer Herzöge im 12. Jahrhundert der Herzog Bernhard einen Kanal vom See nach Klagenfurt plante, der aber durch den Besitzer der umliegenden Ländereien, den Abt von Viktring, vereitelt wurde. Trotzdem kam es im Jahre 1527 zur Eröffnung des Lendkanals, der für die Bewässerung des Stadtgrabens verwendet wurde, als Verkehrsweg zu den Ortschaften am Wörther See diente und die Brennholzversorgung der Landeshauptstadt sicherstellte. Der 4,5 Kilometer lange Kanal führte vom See, von Loretto, bis zur evangelischen Johanneskirche. Vorerst betrieben die kundigen Venezianer den Schiffsverkehr, da sie auch als Schiffsbauer tätig waren, bis Einheimische den Schiffahrtsbetrieb und damit den Handel übernahmen.
Ein bedeutsames Datum war der 30. 9. 1853, als die Wörther-See-Schiffahrt aufgenommen wurde. Heute verbinden während der Sommersaison sieben Schiffe die Anrainer des Wörther Sees miteinander. Diese Anrainergemeinden brachten auch große Probleme bei der Seereinhaltung mit sich. Dem drohenden »Umkippen« des Sees wurde durch ein strenges Reinhaltegesetz und durch Sofortmaßnahmen durch die Kärntner Landes-

regierung Einhalt geboten. Durch Ringkanalisation und Verbot privater Motorboote, sowie durch weitere hygienische Maßnahmen, konnte innerhalb weniger Jahre fast wieder die Trinkwasserqualität im Wörther See erreicht werden. Die Investitionen lohnten sich vielfach, denn der Fremdenverkehr und die Beliebtheit der anderen Kärntner Seen steigen ständig.

Minimundus

Auch für die Tierwelt des Wörther Sees kamen die Reinheitsgesetze gerade rechtzeitig. Denn so wurde die natürliche Umwelt der Renken, Barsche, Hechte, Zander und Waller, schließlich auch der Forellen erhalten.
Als nahes Erholungsgebiet ist der Wörther See für den Großraum Klagenfurt von unschätzbarer Bedeutung. Der an das Strandbad anschließende Europapark wird durch die Autobahn und den Lendkanal begrenzt. Als Touristenzentrum weist er einen Zoo, Spielplätze, Radwege, Rollschuhbahn, Campingplatz, Minigolf, Tierfreigehege, Gartenschach, einen geologischen Lehrpfad und ein Planetarium auf. Wer kennt außerdem nicht Minimundus, die Kleine Welt am Wörther See?
Ähnlich wie bei anderen großen österreichischen Seen, ist das Bild des Wörther Sees besonders durch die zahlreichen Schlösser und Burgen geprägt: Maria Loretto, Maria Wörth, das viertürmige Schloß Velden und auf der Anhöhe über dem See die Ruine Leonstein, Schloß Freyenthurn oder Schloß Hornstein, um nur einige wenige zu nennen, deren Bedeutung bis ins Mittelalter zurückreicht. Baumeister und Künstler italienischer Herkunft haben beim Bau dieser Paläste mitgewirkt und vielfach südliche Stilelemente in baulicher Vollkommenheit mitverwendet.
So zeigt sich der Wörther See von vielen Bereichen, als Wirtschafts-, Fremdenverkehrs- und verkehrstechnischer Faktor (die Linienschiffe legen in einem Jahr etwa 54.000 Kilometer am Wörther See zurück) als integrierter Bestandteil der besuchenswerten Kärntner Landschaft.

Geologie

Das hier vorliegende Gebiet ist geologisch äußerst interessant und abwechslungsreich. Auf engem Raum liegen Gesteine verschiedener Herkunft und unterschiedlichen Alters neben- und übereinander.

Das schroffe Kalkgebirge der Nordkarawanken, das hauptsächlich aus Triasgesteinen aufgebaut ist, begrenzt das Klagenfurter Becken im Süden. Die durch ein Längstal nachgezeichnete Ostalpen—Südalpen Grenze, die Periadriatische Naht, trennt die Südalpen (Südkarawanken) von den oberostalpinen Nordkarawanken. Entlang dieser tektonisch äußerst wichtigen Struktur treten Lamellen von paläozoischen Sedimenten und Vulkaniten, sowie magmatische (Eisenkappler Granit, -Tonalitgneis) und metamorphe kristalline Gesteine (Eisenkappler Altkristallin) auf.

Im Sarmat, vor ca. 12 Millionen Jahren, senkte sich das Klagenfurter Becken ein. Aus den umgestürzten und verschütteten Bäumen und Holzansammlungen entstanden durch Luftabschluß und beträchtliche Überlagerung die Braunkohlen der Rosenbacher Kohleschichten. Von den sich hebenden Karawanken wurden gewaltige Schuttmengen angeliefert, die das Becken auffüllten. Die gebirgsbildenden Bewegungen am Alpensüdrand äußerten sich in der Karawankenüberschiebung. An dieser, von der Periadriatischen Naht abzweigenden tiefgründigen Störungsfläche, haben die Nordkarawanken die junge tertiäre Sedimentfüllung des Klagenfurter Beckens von Süden nach Norden überschoben. Die seismische Aktivität entlang dieser Tiefenstrukturen beweist, daß diese Bewegungen bis heute andauern.

Der Nordrahmen des Klagenfurter Beckens besteht im westlichen Teil aus dem metamorphen, mittelostalpinen Seenkristallin mit Gneisen, Kalkmarmorzügen, Granatamphibolitzügen und Glimmerschiefern. Das Seenkristallin hängt im Untergrund mit dem Kristallin der Saualpe im Osten zusammen. Östlich und nördlich von Klagenfurt breiten sich die unterschiedlich metamorphen, paläozoischen Sedimente und Vulkanite der Gurktaler Decke aus, die nach ihrem Hauptvorkommen in den Gurktaler Alpen so benannt ist. Im Zuge der alpidischen Gebirgsbildung hat die Gurktaler Decke das unterlagernde Seenkristallin mit den auflagernden jüngeren Sedimenten (Stangalmmesozoikum) auf weite Strecken überfahren. In den »Fenstern« von Wimitz und Metnitz hat die Erosion das überschobene Kristallin wieder freigelegt. Über dem Gurktaler Paläozoikum wurden in der Trias (Erdmittelalter) vorwiegend Kalke und Dolomite abgelagert. Von der ursprünglich weit verbreiteten Bedeckung sind heute nur noch Reste in der Einsenkung des Krappfeldes erhalten. Hier liegen auf einer karbonatreichen Triasschichtfolge bis zu 500 m mächtige Kreidesedimente, die Krappfeldgosau. Sie stellt eine lebhafte Abfolge von Mergeln, Kalken, Breccien und Tonen dar.

Den Seenreichtum verdankt Kärnten seiner jüngsten geologischen Geschichte. Aus dem Quartär des Klagenfurter Beckens läßt sich durch Sporen- und Pollenanalyse die Klima- und Vegetationsgeschichte des Raumes rekonstruieren. Vor ca. 35.000 Jahren (Würmzwischeneiszeit) herrschten ähnliche Klimabedingungen wie heute und geschlossene Mischwälder

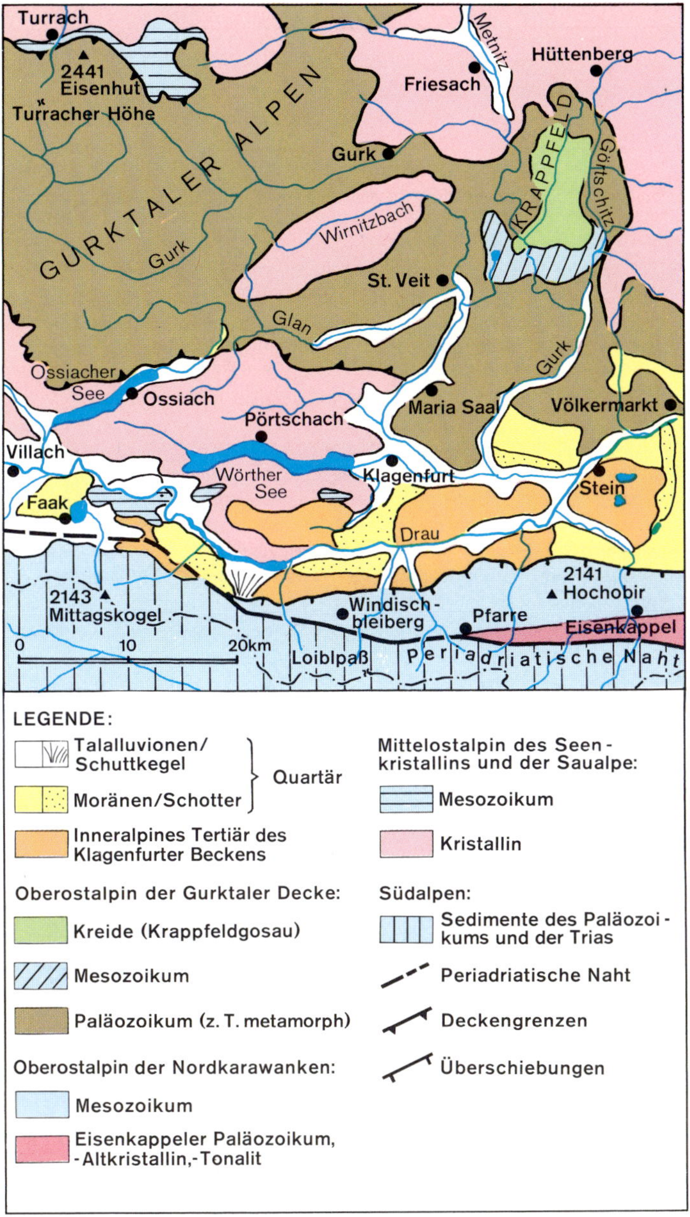
Turrach
2441
Eisenhut
Turracher Höhe
GURKTALER ALPEN
Gurk
Metnitz
Hüttenberg
Friesach
Gurk
KRAPPFELD
Görtschitz
Wirnitzbach
St. Veit
Glan
Gurk
Ossiacher See
Ossiach
Pörtschach
Maria Saal
Völkermarkt
Villach
Wörther See
Klagenfurt
Faak
Stein
Drau
2143
Mittagskogel
2141
Hochobir
Windisch-bleiberg
Pfarre
Eisenkappel
0
10
20km
Loiblpaß
Periadriatische Naht
LEGENDE:
Talalluvionen/Schuttkegel
Moränen/Schotter
Quartär
Inneralpines Tertiär des Klagenfurter Beckens
Oberostalpin der Gurktaler Decke:
Kreide (Krappfeldgosau)
Mesozoikum
Paläozoikum (z. T. metamorph)
Oberostalpin der Nordkarawanken:
Mesozoikum
Eisenkappeler Paläozoikum, -Altkristallin, -Tonalit
Mittelostalpin des Seen-kristallins und der Saualpe:
Mesozoikum
Kristallin
Südalpen:
Sedimente des Paläozoikums und der Trias
Periadriatische Naht
Deckengrenzen
Überschiebungen

breiteten sich aus. Zur Zeit der Würmvereisung stieß der Draugletscher bis nördlich von Völkermarkt vor, wo die ausgedehnten Endmoränenwälle erhalten sind. In den von Gletschern ausgeschürften Becken und von Moränen abgeschnürten Senken bildeten sich die Kärntner Urseen. Vor ca. 13.000 Jahren bestand eine Grasflur mit wenigen Bäumen und Sträuchern. In der nächstjüngeren Epoche vor ca. 11.000 Jahren dominierten der Kiefernwald und anschließend der Eichenmischwald. Die letzten Veränderungen brachte die menschliche Besiedlung des Raumes mit sich.

Tier- und Pflanzenwelt

In enger Anlehnung an die geologischen Bedingungen findet, wie auch anderswo, der Pflanzenbewuchs seine Verbreitung. So findet man im Süden Kärntens Kalkpflanzen wie Seidelbast, Schneerosen und Narzissen. Als Besonderheiten seien der gelbe Alpenmohn und das gelbe Karawanken-Veilchen genannt. Außerhalb des im vorliegenden Wanderbuch behandelten Gebietes, in der Gegend des Naßfeldes (Gartnerkofel) ist die Hundszunge (Wulfenia carinthiaca), die »Nationalblume Kärntens« verbreitet. Da diese nur in Teilen Albaniens und des Himalayas wächst, steht sie in Kärnten unter strengem Naturschutz.
In den Niederungen des Rosentals sind Eichenbestände, Buchen und Rotbuchen verbreitet. Oberhalb setzt sich der Wald vornehmlich aus Fichten zusammen.
In den Ausläufern der Gurktaler Alpen (Gerlitzen) kann man die im Schiefergestein heimischen Pflanzen antreffen: u. a. Alpenglockenblumen, Nelkenarten, Trollblumen, Arnika und Alpenastern. Oberhalb der Baumgrenze findet man Polsterpflanzen, Wacholder und Preiselbeeren.
In den Wäldern nördlich des Glantales kann man in der Brunftzeit noch das Röhren der Hirsche vernehmen. In den Augebieten und Feldern sind Hasen, Fasane, Rebhühner, Wachteln, Rehe und Raubvögel heimisch. Vereinzelt wird von Fischottern an der Drau berichtet. Häufiger sind Forellen, Huchen und Saiblinge in den Gewässern verbreitet, zur Freude jedes Petrijüngers.
In den Karawanken-Karen begegnen uns des öfteren Gamsrudel. An die Südseite und in die Steiner Alpen ist das Steinhuhn aus dem Mittelmeerbereich eingewandert.

***Alpines Notsignal: Sechsmal** innerhalb einer Minute in regelmäßigen Zeitabständen ein sichtbares oder hörbares Zeichen geben und hierauf eine Pause von einer Minute eintreten lassen. Das gleiche wird wiederholt, bis Antwort erfolgt.*

***Antwort:** Innerhalb einer Minute wird **dreimal** in regelmäßigen Zeitabständen ein sichtbares oder hörbares Zeichen gegeben.*

Kärntner Seen – Klagenfurt – ein Ziel zu jeder Jahreszeit

Spricht man von Kärnten, im speziellen von Klagenfurt oder dem Wörther See, so werden viele gleich Begriffe wie Baden, Wasserski, Windsurfen und ähnliche mit diesem Teil Österreichs in Verbindung bringen. Natürlich nicht zu Unrecht, denn der Sommertourismus mit seinen zahlreichen Anziehungspunkten hat in diesem Raum Tradition. Zählen doch Seen wie der Klopeiner See, Wörther See, Ossiacher See oder der Keutschacher See zu den wärmsten Badeseen Österreichs.

Aber von keinem der genannten Seen aus ist übersehbar, daß man sich auch inmitten einer Gebirgslandschaft befindet, die ob ihrer Vielfalt für den Wanderer und Gipfelstürmer keine Wünsche offenläßt – und dies im besonderen außerhalb der ausgesprochenen Hauptsaison. Denn während sich im Sommer dem Genießer der Badeseen als Ausgleich ohnehin viele Wanderziele in unmittelbarer Nähe der Seen wie der Hohe Gallin oder der Taubenbühel nördlich, sowie der Pyramidenkogel südlich des Wörther Sees, vielleicht sogar etwas längere Touren wie eine Wanderung durch das Keutschacher Seental oder über den Ossiacher Tauern anbieten, wird ein ausgesprochener Bergwanderer im Frühjahr oder im Herbst andere Ziele ansteuern.

Nicht übergehen kann man dabei die Karawankenkette, die sozusagen wie eine Mauer diesen Landschaftsraum gegen Süden hin abgrenzt. Zählen dabei doch Gipfel wie der Hochstuhl, Hochobir oder der Koschutnikturm zu den meistbegangenen Gipfeln dieser Region. Aber man wird auch immer wieder auf Gegenden und Hochflächen stoßen, die einem neben der wunderbaren Aussicht zu dieser Jahreszeit auch eine erholsame Einsamkeit als Fluchthilfe aus dem Alltag vermitteln. Bis zum jetzigen Zeitpunkt ist hier auch dem Einzug jener Technologie Einhalt geboten worden, die mit Hilfe der verschiedensten Aufstiegshilfen allzugroßem Massentourismus Tür und Tor öffnen würde, daher sei dem Erholungsuchenden dieses Gebiet auch wirklich empfohlen.

Hat sich Kärnten als Bundesland auch in den letzten Jahren vermehrt als Winderfremdenverkehrsland einen Namen gemacht, so seien auch im Bereich dieses Buches Gegenden behandelt, zu deren Verdienst dies unter anderem zu zählen ist. So z. B. der schon mit Tradition behaftete Ski- und Wanderbereich der Kanzelhöhe und der Gerlitze am Nordufer des Ossiacher Sees mit der Kanzelbahn und den zahlreichen Liften rund um die Gerlitze. Nicht zu vergessen auch die Tatsache, daß der Eissport im Bereich Klagenfurt–Kärntner Seen geradezu ein Volkssport ist. Begünstigt durch die Beckenlage, über der sich an manchen Wintertagen eine beständige Hochnebelschicht bildet, lassen die dadurch aufgetretenen tiefen Temperaturen das Bilden einer guten Eisdecke auf den Seen zu, die Tausende zum Stockschießen, Eishockeyspielen oder einfach zum Eislaufen hinauslockt, während oberhalb der Nebeldecke in den Schigebieten Pistenfahrer wie Tourenläufer von der Wintersonne gebräunt werden.

Allgemeine Tips für Wanderungen und Bergtouren

Es ist sicherlich nicht Aufgabe eines Wanderbuches, einen vollständigen Katalog der **Bergausrüstung** aufzustellen, denn jeder einzelne wird aus Erfahrung wissen, wieviele Pullover er als Kälteschutz benötigt oder wieviel Gepäck er in seinem Rucksack unterzubringen versteht. Die Beschaffenheit besonders der Karawanken bringt es mit sich, daß die Routen, die oftmals durch steiles Felsengelände gehen, vernünftiges Schuhwerk erfordern. Halbschuhe, Sandalen oder zu leichte Wanderschuhe geben im Fels oder auf feuchten Wiesen keinen Halt und gefährden zusätzlich unsere Begleiter. In extremen Fällen, etwa im Frühjahr bei Firn, beim Queren von Altschneerinnen oder bei steilen Wiesen, leistet ein **Pickel** unschätzbare Dienste, genauso wie ein kurzes Bergseil, das dem Bergunerfahrenen und Kindern, richtig gehandhabt, neben psychologischer auch tatsächliche Hilfe bietet. Ein guter Anorak oder ein Schirm sind bei einem Regenguß sicherlich wertvoll. Die **Wanderapotheke** wird hoffentlich ungebraucht im Rucksack bleiben, doch bei Abschürfungen sind eine desinfizierende Salbe und ein Hansaplast gewiß willkommen, wie auch ein paar Sicherheitsnadeln, falls der Hosenstoff beim Abstieg leiden sollte. Gegen die starke Sonnenstrahlung schützen am besten eine Kopfbedeckung, eine Sonnenbrille und ein Sonnenschutzmittel. Auf Gletschertouren ist die Mitnahme eines autorisierten Bergführers zu empfehlen. Bei Unfällen ist die nächste Bergrettungsstelle zu verständigen. Ist direkte Hilfeanforderung unmöglich, kann durch das **alpine Notsignal** Hilfe herbeigeholt werden. **Hilfeanforderung:** 6 Signale pro Minute in Abständen von je 10 Sekunden, eine Minute Pause, wieder 6 Signale usw. **Antwort:** 3 Signale in einer Minute in Abständen von 20 Sekunden, eine Minute Pause, dann wieder 3 Signale usw.
Die **Schwierigkeitseinteilung** leicht — mittel — schwer richtet sich **nicht** nach der UIAA-Skala (von leicht bis äußerst schwierig), sondern wurde unter dem Gesichtspunkt der für einen durchschnittlichen Wanderer zu überwindenden Höhenmeter, der Schwierigkeit des Weges und der Einkehr- und Rastpunkte ausgewählt.
Die Schwierigkeit und der angegebene Zeitaufwand stellen unverbindliche Empfehlungen dar — sie können je nach Witterungseinflüssen und Geländeverhältnissen von den angegebenen Werten mehr oder weniger abweichen.

Kennzeichen der Schwierigkeiten:

- ● leichte Wanderung, auch für Kinder
- ● mittelschwere Wanderung
- ● schwere Wanderung, nur für schwindelfreie Geübte!

Zeichenerklärung zu den Tourenprofilen:

- Gasthaus, Unterkunftshaus
- Aussichtspunkt, Rundblick
- unbewirtschaftete Hütte, Unterstandsmöglichkeit
- Sessellift

Seite 18/19 Reifnitz am Wörther See

Klagenfurt - Wörther See

Klagenfurt – Wörther See

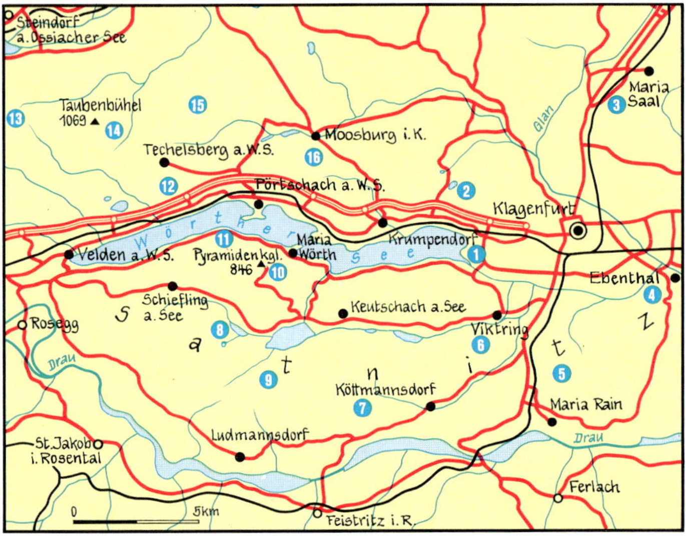

● Fremdenverkehrsverband, Verkehrsverein —— Straße —— Eisenbahn
⑦ Lage der beschriebenen Wanderwege

Ortsbeschreibungen:

EBENTHAL

Gde., Bez. Klagenfurt-Land, Einw.: 5.800, Höhe: 430 m, Postltz.: A-9065. **Auskunft:** Gemeindeamt Ebenthal, Tel. 04222/31315. **Bahnstation:** Klagenfurt (3 km). Linienbusverbindung mit Klagenfurt.

Die freundliche Sommerfrische mit dem reichen kulturhistorischen Hintergrund liegt am Südostrand von Klagenfurt.

Sehenswert

Die 1770 geweihte **Pfarrkirche Maria Hilf und St. Peter und Paul** zählt zu den schönsten spätbarocken Kirchen Kärntens. Altarbild und Deckengemälde von Lederwasch. – In einem großen Park mit riesigen alten Bäumen liegt **Schloß Ebental,** die Residenz der aus den Niederlanden eingewanderten Grafen Goeß. Das spätbarocke Schloß stammt aus dem 16. Jh. und wurde 1704 umgebaut. Im ersten Stock befindet sich ein großer Saal mit einem bedeutenden Deckenfresko von Josef Ferdinand Fromiller (um 1740), im Zimmer daneben Familienbilder von Peter Kobler, dem Kammermaler Maria Theresias. Vom Schloß aus genießt man eine schöne Aussicht auf das Klagenfurter Becken. – Auf einem Vorsprung des Sattnitzabhanges liegt die **Propstei und Kirchenfestung Gurnitz** (an der Propstei ein romanischer Löwe). – **Schloßruine Gurnitz.** – **Gurnitzschlucht** mit Wasserfall, auffällige subalpine Flora.

KEUTSCHACH AM SEE

Gde., Bez. Klagenfurt-Land, Einw.: 1.500, Höhe: 538 m, Postltz.: A-9074. **Auskunft:** Verkehrsamt Keutschach, Tel. 04273/2450 u. 2291. **Bahnstation:** Klagenfurt (12 km). Busverbindung mit Klagenfurt, Reifnitz, Velden, St. Jakob und Pyramidenkogel.

Steinzeithöhlen, Geräte aus der Spätsteinzeit und Pfahlbautenreste am Grunde des Keutschacher Sees zeugen davon, daß das Gebiet schon sehr früh besiedelt war. Der berühmteste Sproß des Ortes war der große Salzburger Erzbischof Leonhard v. K., gest. 1519, der Erbauer der spätgotischen Prunkgemächer der Festung Hohensalzburg.

Sehenswert
Die spätromanische **Pfarrkirche** zu Ehren des hl. Georg weist an der Außenmauer vorromanische und romanische Grabsteine auf. Im Friedhof steht eine gotische Totenleuchte. Am Ortseingang liegt das freundliche, dreigeschossige barocke **Schloß** aus dem 17. Jh. – Beim Haus des Brücklerwirtes steht eine mächtige 800jährige Linde. – **Pyramidenkogel.**

KLAGENFURT

Landeshauptstadt, Einw.: 85.000, Höhe: 445 m, Postltz.: A-9010. **Auskunft:** Fremdenverkehrsamt Klagenfurt, Tel. 04222/7961-223. **Bahnstation:** Klagenfurt. Busverbindungen nach allen Richtungen. **Schiffsstation** für den Wörther See in Klagenfurt See. **Flughafen.**

Die Landeshauptstadt des Bundeslandes Kärnten erstreckt sich am rechten Glanufer im weiten, schönen Klagenfurter Becken, dem größten inneralpinen Becken der Ostalpen. Die Stadt ist durch den Lendkanal mit dem nahegelegenen Wörther See verbunden. Das volkstümliche Wahrzeichen und Wappentier Klagenfurts, der »Furt über die Glan« ist der Lindwurm, dessen seltsames Denkmal seit 1593 den Neuen Platz ziert. Um die Mitte des 13. Jh.s gründete Herzog Bernhard von Spanheim den Markt Klagenfurt; 1252 wird der Ort bereits als Stadt bezeichnet. Nach einem verheerenden Brand 1514 schenkte Kaiser Maximilian die Stadt den Kärntner Landständen, die sie in wenigen Jahrzehnten zu einer mächtigen Festung ausbauten und sie anstelle von St. Veit zur Landeshauptstadt erhoben. Zur Zeit der Reformation war Klagenfurt eines der stärksten Bollwerke der protestantischen Stände. Nachdem die Stadt von Pest, Bränden, Erdbeben, Türken und Ungarn verheerend heimgesucht worden war, erlebte sie in den Napoleonischen Kriegen eine dreimalige französische Besetzung. Die Franzosen waren es auch, die die großen Mauerwerke und Festungstürme der Stadt schleifen ließen. Anstelle von Gräben und Wällen entstanden Gärten und Parkanlagen, die der Stadt ihren freundlichen Charakter verliehen. Während des Kärntner Freiheitskampfes war Klagenfurt 1919 von serbischen Truppen besetzt. Im Zweiten Weltkrieg wurde die Stadt von 48 Fliegerangriffen heimgesucht. Klagenfurt ist bischöfliche Residenz der Diözese Gurk, Sitz von Landtag, Landesregierung und aller Landesbehörden, zahlreicher Konsulate sowie der Österreichischen Holzmesse – Klagenfurter Messe. Es gibt mehrere Höhere Schulen, u. a. ein Gymnasium für Slowenen. Klagenfurt ist auch die größte Industriestadt Kärntens (größte Schuhfabrik Österreichs).

Sehenswert
Die **Domkirche** St. Peter und Paul wurde 1591 von den protestantischen

Landhaus in Klagenfurt

Ständen als ihr bedeutendster sakraler Bau in Österreich errichtet; sie wurde 1604 an die Jesuiten übergeben und ist seit 1787 Domkirche. Sie weist im Inneren eine reiche Ausstattung auf, u. a. Gemälde von Paul Troger und Daniel Gran (Mitte 18. Jh.) sowie Fresken von Suitbert Lobisser (1828). – Barocke **Stadt-Marienkirche, Kapuzinerkirche, Kreuzlbergkirche,** gotische **Heiligen-Geist-Kirche,** barocke **Priesterhauskapelle.** – Das imposanteste profane Bauwerk ist ein **Landhaus,** das im 16. Jh. an der Stelle der alten Burg errichtet wurde; es weist zwei Türme und einen zweigeschossigen Laubengang auf. Die Fresken im Wappensaal malte Fromüller. Den Landtags-Sitzungssaal schmückte Lobisser mit Wandgemälden aus dem Kärntner Abwehrkampf. Im Bischöflichen Palais befindet sich das sehenswerte **Diözesanmuseum** mit dem ältesten Glasbild Österreichs. – **Lindwurmbrunnen** und **Maria-Theresien-Denkmal** am Neuen Platz, Obelisk am Kardinalsplatz, Florianisäule, **Landmuseum** mit einer Fülle von historischen und prähistorischen Funden, Koschat-Museum, **Freilicht-Museum am Kreuzbergl,** Botanischer Garten, **Minimundus** (Miniaturstadt am Wörther See).

KÖTTMANNSDORF

Gde., Bez. Klagenfurt-Land, Einw.: 2.500, Höhe: 556 m, Postltz.: A-9071. **Auskunft:** Fremdenverkehrsgemeinde Köttmannsdorf, Tel. 04200/2203. **Bahnstation:** Maria Rain (6 km). Busverbindung mit Klagenfurt.

Sehenswert

Die ursprünglich romanische, später im gotischen Stil erweiterte **St.-Georgs-Kirche** weist an ihrer Südwestseite ein großes Christophorusfresko aus dem 15. Jh. auf. Im befestigten Friedhof steht noch heute eine achtekkige Steinsäule mit romanischer Laterne, worin während der Pestzeit das Armeseelenlicht brannte. – Die altersgraue, wuchtige **Hollenburg** wurde vom Markgrafen Leopold von Steier in der ersten Hälfte des 12. Jh.s erbaut; ihr heutiges Aussehen geht auf das 15. und 16. Jh. zurück. Von ihrem Söller aus genießt man den schönsten Ausblick auf das Rosental und die Karawanken. Sowohl während der Napoleonischen Kriege 1813 als auch im Abwehrkampf in den Jahren 1918–1920 spielte die zu Füßen der Burg über die Drau führende Brücke eine große Rolle, und sie wurde daher heiß umkämpft. 1945 wurden in der Burgkapelle eindrucksvolle gotische Fresken aus dem 14. Jh. freigelegt.

KRUMPENDORF

Gde., Bez. Klagenfurt-Land, Einw.: 2.500, Höhe: 460 m, Postltz.: A-9201. **Auskunft:** Kurverwaltung Krumpendorf, Tel. 04229/313 u. 344. **Bahnstation:** Krumpendorf. Busverbindung mit Klagenfurt, Pörtschach, Velden und Villach.

Sehenswert

Das 1735 erbaute **Schloß** weist eine gefällige Empirefassade (1820) und ein prächtiges schmiedeeisernes Gartentor auf, im Schloßpark befindet sich ein reizvolles Gartenhäuschen. – In **St. Georg** steht eine gotische Kirche aus dem 17. Jh. – Die romanische **Pfarrkirche in Pirk** besitzt schöne Barockaltäre. – Bemerkenswert ist der Arkadenhof im **Renaissanceschloß Drasing (1570).** – **Schloß Hallegg.** Sehr schöner Kurpark. – **Schloß Hornstein** mit zwei wuchtigen Ecktürmen.

LUDMANNSDORF

Gde., Bez. Klagenfurt-Land, Einw.: 1.500, Höhe: 565 m, Postltz.: A-9072. **Auskunft:** Gemeindeamt Ludmannsdorf, Tel. 04228/2220. **Bahnstation:** Feistritz (2,5 km). Busverbindung mit Klagenfurt und Velden.

Sehenswert

Die eindrucksvolle **romanische Kirche** wurde 1520 umgebaut, sie enthält eine barocke Einrichtung.

MAGDALENSBERG

Gde., Bez. Klagenfurt-Land, Einw.: 2.750, Höhe: 459 m, Postltz.: A-9064 Pischeldorf-Lassendorf. **Auskunft:** Gemeindeamt Magdalensberg, Tel. 04224/213. **Bahnstation:** Hst. Willersdorf (7,5 km). Busverbindung mit Klagenfurt.

Die Gemeinde Magdalensberg besteht erst seit 1973, als die Gemeinden Ottmanach und St. Thomas am Zeiselberg zusammengelegt wurden. Es war naheliegend und sinnvoll, die neue Gemeinde nach dem weit über die Grenzen des Landes bekannten Namen des im Gemeindegebiet aufragenden, geschichtlich und kulturhistorisch so bedeutsamen »Magdalensberges« zu benennen.

Sehenswert

Seit dem Jahre 1948 werden vom Landesmuseum für Kärnten auf dem Magdalensberg, 1.058 m, **Ausgrabungen** vorgenommen, deren wissenschaftliche Bedeutung weit über Österreich hinausreicht. Die bisherigen Grabungen zeigten, daß sich auf dem Berggipfel eine **Siedlung der Kelten** befand, um welche sich im 1. Jh. v. Chr. ein Großmarkt römischer Händler entwickelte. Hunderte von Ritzinschriften in Magazinen der Händler weisen auf die zentrale Stellung hin, die diese Stadt vor allem auch als Umschlagplatz für den norischen Eisenhandel mit Italien besaß. An der Südseite des Berges wurden ein großer **Tempel,** ein **Prätorium** und **Versammlungsräume** freigelegt, ferner eine Vielzahl von Werkstätten und Händlerquartieren, um ein großes Forum gebaut, ausgegraben. Der Großteil der ausgegrabenen Gebäude ist zu einem umfangreichen **Freilichtmuseum** ausgestaltet; eine Vielzahl der schönsten Funde kann in einem eigenen Grabungsraum besichtigt werden. **Besichtigungszeit:** Anfang Mai bis Mitte Oktober, täglich von 8—18 Uhr.

MARIA RAIN

Gde., Bez. Klagenfurt-Land, Einw.: 1.400, Höhe: 552 m, Postltz.: A-9161. **Auskunft:** Verkehrsverein Maria Rain, Tel. 04227/3711. **Bahnstation:** Maria Rain. Busverbindung mit Klagenfurt, Ferlach und Göltschach.

Das Wahrzeichen Maria Rains ist die zweitürmige **barocke Wallfahrtskirche,** die in der heutigen Gestalt aus dem 18. Jh. herrührt. Das Gnadenbild im barocken Hochaltar stammt aus der Zeit um 1450; außerdem birgt die Kirche einen als Opferstock verwendeten Römerstein und eine kostbare Reliquienmonstranz.

MARIA SAAL

Gde., Bez. Klagenfurt-Land, Einw.: 3.500, Höhe: 503 m, Postltz.: A-9063. **Auskunft:** Marktgemeindeamt Maria Saal, Tel. 04223/214. **Bahnstation:** Maria Saal. Busverbindung mit Klagenfurt.

Wenn man von Klagenfurt nach St. Veit fährt, erblickt man nach wenigen Kilometern rechts neben der Straße das auf einer Anhöhe gelegene imposante Bauwerk der doppeltürmigen Kirche Maria Saal. Die kleine Ansiedlung hat eine ungeahnt historisch-religiöse-kulturelle Bedeutung. Historisch bedeutsam sind die reichen Funde aus der Römerzeit, darunter die weltbekannte Darstellung der Postkutsche als Steinrelief, weiters die aus türkischen Kanonen gegossene Glocke, das Ausgrabungsfeld der römischen Stadt Virunum und schließlich der Herzogstuhl aus dem 14. nachchristlichen Jahrhundert. Religiös gesehen ist Maria Saal als Ausgangspunkt der Chistianisierung Kärntens im 8. Jh. wichtig, denn der Wanderbischof Modestus begann im Jahre 753 hier mit seiner missionarischen Tätigkeit, deren Ausgangspunkt in Salzburg lag. Das Kärntner Freilichtmuseum am Nordrand des Ortes stellt zur heutigen Zeit einen kulturellen Anziehungspunkt dar.

Sehenswert

Wallfahrtskirche Maria Saal: Das Baumaterial für diese dreischiffige Pfeilerbasilika wurde aus den Karawanken (Tuffstein) gebracht, zusätzlich verwendete man Steine der verfallenen römischen Stadt Virunum. Sehens-

Relief: Römischer Postwagen

wert sind der Karner, die Taufkapelle und die Fresken am feingliedrigen Netzrippengewölbe, die aus dem 15. Jh. stammen. Die Kanzel ist ein Werk des 18. Jh.s. Im nördlichen Seitenschiff befindet sich im karolingischen Tischaltar, der auf sechs Säulen ruht, das Grabmal des Modestus, des ersten christlichen Missionars in Kärnten. Der spätgotische Flügelaltar im Südchor lenkt im besonderen die Aufmerksamkeit auf sich (16. Jh.). Die größte Kirchenglocke Kärntens, die »Maria Saalerin«, wurde aus dem Material erbeuteter türkischer Kanonen gegossen und hat das stattliche Gewicht von 6,6 Tonnen. Die gotische Lichtsäule und die Pestkapelle sind ebenfalls vielbewunderte Anziehungspunkte. Der gesamte Kirchentrakt, als auch die umliegenden Häuser wurden mit einer **Befestigungsanlage** umgeben und zur Wehrkirche ausgestattet, die im 15. Jh. den einfallenden Ungarn ein unbezwingbares Bollwerk entgegenstellte. – **Ausgrabungsgegenstände** aus der Römerzeit, Steinreliefs (Postkutsche), Ausgrabungsfeld der römischen Stadt Virunum im Zollfeld. – **Kärntner Freilichtmuseum.** – Kirche **Karnburg.** – **Herzogstuhl:** Im Talboden des Zollfeldes steht der einzigartig behauene Stein, ein Doppelsitz, der aus dem 14. Jh. stammt. Hier saß der Herrscher, als er die Lehen vergab und Gerichtstage abhielt.

MARIA WÖRTH

Gde., Bez. Klagenfurt-Land, Einw.: 1.060, Höhe: 458 m, Postltz.: A-9081. **Auskunft:** Fremdenverkehrsamt Maria Wörth in Reifnitz, Tel. 04273/2240. **Bahnstation:** Klagenfurt (13 km). Busverbindung mit Klagenfurt und Velden.

Maria Wörth liegt unvergeßlich schön auf einer von drei Seiten vom Wasser umgebenen felsigen Halbinsel am Südufer des Sees. Der Ort wird schon am Ende des 9. Jh.s als »ad veride«, später Werdersee (werder = Insel, davon kommt der Name Wörther See) genannt; er diente als Stützpunkt für die Christianisierung des alpenslawischen Volksstammes der Karantaner. Die heute blühende Fremdenverkehrsgemeinde umfaßt die Ortschaften Dellach, Maiernigg, Maria Wörth, Raunach, Reifnitz, St. Anna und Sekirn.

Sehenswert

Eine breite, gedeckte Treppe führt zu der **Pfarrkirche,** dem ehemaligen Mittelpunkt des Kollegiatsstiftes Maria Wörth. Die zum Teil noch erhaltenen Ringmauern lassen erkennen, daß die Kirche früher befestigt war. Aus der romanischen Bauepoche stammt das südliche Kirchenportal, die Krypta und der 1278 erbaute Rundkarner. Das Untergeschoß diente vor Jahrzehnten zur Aufbewahrung der aus dem Friedhof gehobenen Gebeine. Das Obergeschoß beherbergt eine Kapelle. Im säulenflankierten Schrein thront die meisterhaft geschnitzte **spätgotische Muttergottes** (etwa 1460). Bemerkenswert sind außerdem ein holzgeschnitzter Totenschild, der spätbarocke Kreuzaltar mit einem hervorragend geschnitzten spätgotischen Gekreuzigten aus der Zeit um 1500 und die reich ausgestattete Kanzel (1761). – Westlich der Pfarrkirche erhebt sich auf einem kleinen Hügel die 1155 geweihte Liebfrauen- oder **Winterkirche,** die sehr interessante, 1895 wiederaufgedeckte romanische Fresken, ein liebliches gotisches Glasgemälde mit einer schönen Madonna aus dem Jahre 1420 und drei barocke Altäre birgt. Auf einem schönen Aussichtspunkt ist die spätgotische renovierte **Filialkirche St. Anna.** – Von den Mauerresten der **Burgruine Reifnitz** wird das gotische **Margarethenkirchlein,** das einen bemerkenswerten Hochaltar aus dem Jahre 1639 aufweist, umgeben; ein Bergfried ist letzter Zeuge der einstigen Ritterburg Reifnitz.

MOOSBURG

Gde., Bez. Klagenfurt-Land, Einw.: 3.500, Höhe: 503 m, Postltz.: A-9062. **Auskunft:** Fremdenverkehrsamt Moosburg, Tel. 04272/8184 u. 8185. **Bahnstation:** Pörtschach (5 km). Busverbindung mit Klagenfurt, Feldkirchen, Turracher Höhe.

Der ruhige, von zwei baumumkränzten Badeteichen umgebene Ort liegt nördlich vom Wörther See an einem wichtigen Straßenknotenpunkt. In dem von kleinen Seen und Sümpfen geschützten Gebiet erbaute im 9. Jh. König Karlmann oder einer seiner Vorgänger auf fünf Felseninseln eine Pfalz; diese wird 879 als Mosapurch genannt. Hier hat sich 888 und 889 König Arnul von Kärnten aufgehalten, der Sieger über die Normannen, der 896 in Rom zum römisch-deutschen Kaiser gekrönt wurde. Die Pfalz wurde mehrmals umgestaltet und schließlich im 16. Jh. verlassen.

Sehenswert

Von der alten Pfalz Mosapurch ist ein quadratischer romanischer **Turm** aus dem 12. Jh. gut erhalten geblieben. – Auf einem Hügel südlich des Schloßteiches, der wahrscheinlich auch zur karolingischen Festung gehört hat, erhebt sich das heutige **Schloß** aus dem 16. Jh. sowie eine Kapelle. Im 1. Stock befindet sich ein besonders schöner Rittersaal. – Die barocke **Pfarrkirche** zu Ehren des hl. Michaels wurde im 18. Jh. unter Verwendung romanischer und gotischer Bauelemente errichtet; sie birgt eine schöne Rokokoausstattung, gute Wappengrabsteine, darunter das Renaissancegrabmal Ulrichs von Ernau. Bemerkenswert sind auch vier römische Reliefsteine. – In der Umgebung liegen einige Kirchen, Schlösser und Burgen, die auf bequemen Wanderwegen erreicht werden können. – Die **Pfarrkirche St. Egid** in Tigring, nahe dem Strußnigteich gelegen, ist in ihrem Kern noch romanisch (spätgotischer Taufstein, prunkvoller Hochaltar 1650). Der neben der Kirche stehende **Karner** ist ein romanischer Rundbau mit östlicher Apsis. – Das im 17. Jh. erbaute **Schloß Tigring** weist vorzügliche hochbarocke Stukkaturen auf. – Östlich von Moosburg liegt malerisch auf einer Anhöhe **Burg Ratzenegg.** – Erwähnenswert ist auch das SOS-Kinderdorf Moosburg.

PÖRTSCHACH AM WÖRTHER SEE

Gde., Bez. Klagenfurt-Land, Einw.: 2.600, Höhe: 458 m, Postltz.: A-9210. **Auskunft:** Kurverwaltung Pörtschach, Tel. 04272/2354 u. 2810. **Bahnstation:** Pörtschach. Busverbindung in die umliegenden Ortschaften, nach Jugoslawien und Italien.

Der internationale Kur- und Badeort liegt auf einer weit in den See vorstoßenden Landzunge an einer der schönsten Buchten des Wörther Sees. Der reichgegliederten Landschaft wird durch das langgestreckte Seeufer, zwei Inseln und durch die prachtvolle hügelige Umgebung ein besonderer Reiz verliehen. Elegant und gepflegt wirken die zahlreichen Grünanlagen und Gärten sowie die prächtig angelegte Strandpromenade. Der slowenische Ortsname bedeutet »Bei den Bewohnern des Baches«. Pörtschach wird als Seebad bereits seit dem 17. Jh. frequentiert.

Sehenswert

Das **Renaissanceschloß Leonstain** aus dem 16. Jh. ist ein im Kern zweigeschossiger Bau, der einen stimmungsvollen kleinen Hof (Brahmsbüste) umschließt. – Am Rande der Waldzone ragen aus steilen Felsen die verwitterten Mauerreste der **Burgruine Leonstain** (12. Jh.). – Die **Pfarrkirche St. Johann d. T.** wurde 1906 erbaut.

POGGERSDORF

Gde., Bez. Klagenfurt-Land, Einw.: 2.300, Höhe: 465 m, Postltz.: A-9131. **Auskunft:** Gemeindeamt Poggersdorf, Tel. 04224/442. **Bahnstation:** Grafenstein (4 km). Linienbusverbindung mit Klagenfurt und Völkermarkt.

Poggersdorf liegt inmitten der Hügel und Wälder des östlichen Klagenfurter Beckens, die zu gemütlichen kleinen Wanderungen und Streifzügen reizen. Zur Gemeinde Poggersdorf gehört neben anderen Siedlungen auch das benachbarte Leibsdorf.

SCHIEFLING AM SEE

Gde., Bez. Klagenfurt-Land, Einw.: 1.900, Höhe: 575 m, Postltz.: A-9535. **Auskunft:** Verkehrsverein Schiefling, Tel. 04274/2275. **Bahnstation:** Velden (6 km). Busverbindung nach Velden und Klagenfurt.

Nur wenige Kilometer östlich von Velden liegt, getrennt durch einen niedrigen bewaldeten Höhenzug, die kleine Ortschaft Schiefling am See. Die günstige, sonnenreiche Lage und die Nähe sowohl zum Wörther See als auch zum Hafner- oder Keutschacher See machen den schmucken Ort zu einem beliebten Ferienort.

TECHELSBERG AM WÖRTHER SEE

Gde., Bez. Klagenfurt-Land, Einw.: 1.925, Höhe: 450 m, Postltz.: A-9210. **Auskunft:** Verkehrsverein Techelsberg, Tel. 04272/2248. **Bahnstation:** Töschling. Busverbindung mit Velden—Villach, Pörtschach—Klagenfurt.

Während der Ortsteil Töschling unten am sonnigen Ufer des Wörther Sees liegt, ist Techelsberg auf dem bewaldeten Hügelland im Norden des Sees reizvoll aufgebaut. In der Ortschaft St. Martin am Techelsberg wirkte um 1500 der große Kärntner Historiker Pfarrer Jakob Unrest, dessen Werke zu den letzten Denkmälern mittelalterlicher Geschichtsschreibung in Österreich zählen.

Sehenswert

Die im Kern romanische **St.-Martins-Kirche** birgt eine gute barocke Ausstattung sowie zwei spätgotische Schnitzfiguren der Heiligen Agatha und Johannes. Interessant ist der Opferstall in der Vorhalle; hier wurden die dem hl. Martin dargebrachten Huhnopfer dem Kirchenkämmerer übergeben. Romanische Karner mit vorragender Apside.

VELDEN AM WÖRTHER SEE

Gde., Bez. Villach-Land, Einw.: 7.600, Höhe: 460 m, Postltz.: A-9220. **Auskunft:** Kurverwaltung Velden, Tel. 04274/2105. **Bahnstation:** Velden. Busverbindung mit allen Orten der Umgebung.

Der weltberühmte Kur- und Badeort erstreckt sich in herrlicher Lage in einem Halbkreis um das Westende des Wörther Sees. Die windgeschützte Lage in der weiten Bucht bewirkt, daß Velden eines der wärmsten Seebäder der Alpen ist. Bereits 1150 wird der Ort urkundlich bezeugt; seine Tradition als Bade- und Erholungsort reicht bis ins 16. Jh. zurück. Ein weitgereister Sproß aus dem in Kärnten berühmten Geschlecht der Khevenhüller entdeckte den Zauber des Wörther Sees und ließ sich in Velden ein Schloß als Sommersitz »zur gemütlichen Kurzweil im Alter« erbauen. Seit der Einführung des Dampfschiffverkehrs auf dem Wörther See im Jahre 1853 begann der rasche Aufstieg des Ortes zum weltbekannten Badeplatz. Das ganzjährig geöffnete Spielcasino vermittelt dem mondänen Ort ein internationales Flair mit dem Jet-Set aus allen Teilen der Welt.

Sehenswert

Das alte Khevenhüllersche Schloß aus dem 16. Jh. ist heute zum mondänen Schloßhotel umgestaltet; den Eingang bildet ein mit Wappen verziertes Renaissanceportal aus dem Jahre 1603. – Die **St.-Jakobus-Kirche** ist ein einfacher Barockbau aus dem 17. Jh. – Erwähnenswert sind noch die Kapelle **St. Peter und Paul** in Unterwinklern, die spätgotische **St.-Nikolaus-Kirche** in Kranzlhofen, mehrere schöne Bildstöcke in der Umgebung sowie die prächtigen Parkanlagen und Gärten.

VIKTRING

Gde. Klagenfurt, Bez. Klagenfurt-Land, Einw. 4.100, Höhe: 454 m, Postltz.: A-9073. **Auskunft:** Fremdenverkehrsamt Klagenfurt, Tel. 04222/537-223. **Bahnstation:** Viktring (3 km). Busverbindung mit Klagenfurt (stündlich) und Keutschach.

Der reizende Sommerfrischort liegt in wald- und seenreicher Umgebung am Südrand des Klagenfurter Beckens und am Eingang ins Keutschacher

Stift Viktring

Tal. 977 erstmals erwähnt, erlangte Viktring große Bedeutung, als Graf Bernhard von Spanheim 1142 ein Zisterzienserkloster gründete. Bald war es eines der angesehensten und größten Klöster Kärntens; sein berühmter **Abt Johannes von Viktring** (1312—1345), der mehrere Chroniken verfaßte, gilt als einer der wichtigsten Geschichtsschreiber des Spätmittelalters. Als das Kloster in Schulden geriet, wurde es 1786 von Kaiser Josef II. aufgehoben. Aus Viktring stammt **Thomas Koschat** (1845—1914, Koschat-Museum und Ehrengrab in Klagenfurt), der viel zur Verbreitung des Kärntner Liedes in der Welt beigetragen hat.

Sehenswert

Die dreischiffige **spätromanische Pfeilerbasilika** und ehemalige **Stiftskirche »Unsere Liebe Frau«** aus dem frühen 13. Jh. gehört zu den schönsten Kirchen im Lande. Bemerkenswert sind u. a. das romanische Südportal, der hervorragende fünfgeschossige frühbarocke Hochaltar aus dem Jahre 1622 — er ist der größte Altar Kärntens — und mehrere kostbare Grabsteine aus dem 13. bis 15. Jh. Als kostbarster Schatz bewahrt die Kirche die berühmten 60 Glasgemälde der drei Chorfenster aus dem 14. Jh., die Szenen aus dem Leben Christi, Mariens und der Apostel darstellen; Kunsthistoriker bezeichnen sie als die bedeutendsten Glasgemälde Österreichs. Gut erhalten sind auch die von den Wassergräben der alten Befestigung umgebenen ehemaligen **Stiftsgebäude** mit ihren imposanten dreigeschossigen Arkadenhöfen, die auf allen Seiten die Kirche umschließen. Marienbrunnen 1675, englischer Park. — Ausflugsziel Schrottkogel, 759 m, Aussichtspunkt.

Wanderungen rund um den Wörther See

1 Wanderung: Lendkanal – Europapark – Maria Loretto

Ausgangspunkt: Klagenfurt
Parken: Anfang Villacher Straße
Wanderzeit: 3 Std.
Schwierigkeitsgrad: leicht!
Einkehr: zahlreiche Möglichkeiten an der Strecke

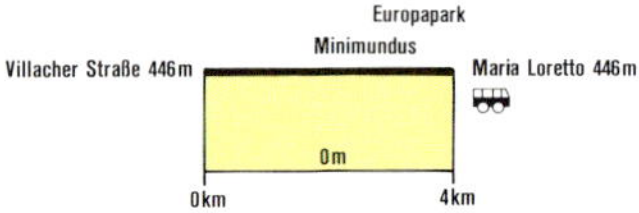

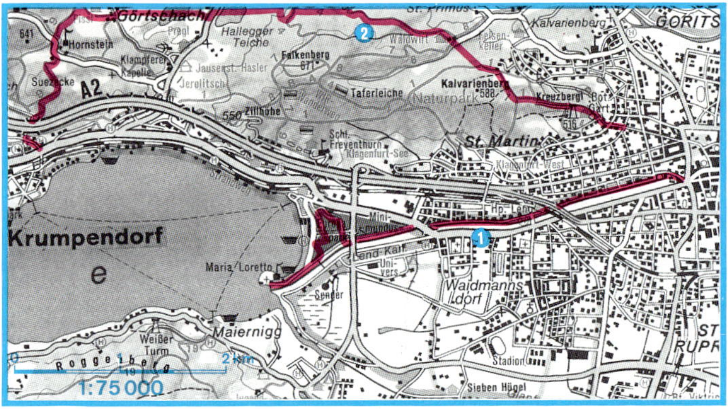

Tourenverlauf: Eine »Wanderung« im herkömmlichen Sinn ist diese empfohlene Route zwar nicht, doch vielleicht ein Ansporn, touristische Anziehungspunkte einer so grünen Stadt wie Klagenfurt nicht nur per Auto aufzusuchen, sondern sie einmal auf sehr schönem Weg zu Fuß zu erreichen. Wir verlassen das Stadtzentrum, indem wir den Villacher Ring überqueren und in der Villacher Straße zum Lendhafen hinabsteigen, dem Beginn des Lendkanals, der uns hinaus bis zum Wörther See begleiten wird. Früher diente dieser Kanal als Transportweg, heute kann man stadtauswärts am rechten Ufer einen ruhigen Spaziergang genießen, vorbei an alten Villen, dann unter der Bahn- und Autobahnbrücke hindurch, bis wir nahe dem Hotel Europapark die Villacher Straße queren und hinter dem Freizeitzentrum und dem Minimundus über die Süduferstraße in den Europapark gelangen. Von Frühjahr bis Herbst kann man hier eine herrliche Blumenpracht genießen; der Park ist auch den ganzen Sommer hindurch immer wieder ein Zentrum verschiedenster Veranstaltungen. Wir verlassen ihn nun wieder und folgen dem Lendkanal, der sich, je mehr wir uns dem See nähern, mit ankernden Booten füllt, bis nach Maria Loretto. Diese Halbinsel gehört zu den reizendsten Plätzen des Wörther Sees. Hier befinden sich ein Schloß und eine Kapelle, die aus dem 17. bzw. 18. Jh. stammen. Dem Wanderer drängt sich nun natürlich geradezu die Möglichkeit auf, sein Programm durch die vielen sich hier bietenden Möglichkeiten zu erweitern, wie ein Besuch des »Minimundus«, des Reptilienzoos, eines Bades im Wörther See, um nur einige zu nennen – bevor man die Rückfahrt mit einem der regelmäßig verkehrenden Busse zum Ausgangspunkt antritt.

Abendstimmung bei Krumpendorf

2 **Wanderung:** Kreuzbergl – Hallegger Teiche – Krumpendorf

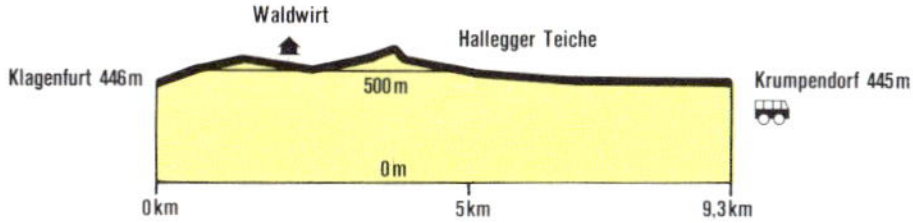

Ausgangspunkt: Klagenfurt
Parken: Nähe Heiligengeistplatz
Höhenunterschied: 155 m

Wanderzeit: 3 Std.
Schwierigkeitsgrad: leicht!
Einkehr: mehrere Gasthöfe an der Strecke
Karte: siehe Seite 30

Tourenverlauf: Mit dem städtischen Bus zum Kreuzbergl bis zu der Endstation in der Radetzkystraße. Von hier geradeaus weiter auf die erste Hochfläche des Kreuzbergls, und wir entdecken gleich den ersten Vorteil dieses herrlichen Klagenfurter Wandergebiets: nicht nur ausgezeichnete Beschilderung, sondern an vielen markanten Punkten auch gleich Orientierungskarten für den Wanderer. Vorerst folgen wir dem Weg »1«; nachdem die letzten Häuser an der rechten Seite passiert wurden, biegen wir rechts ab zum Waldweg und zu einem in einer Lichtung gelegenen Gasthof. Hier folgen wir dem Wanderweg 4, wo wir zuerst an dem idyllisch gelegenen Schlößchen Falkenberg vorbeikommen und dann auf den von rechts kommenden WW 9 stoßen, dem wir nun nach rechts talwärts folgen. Der Weg mündet nach ein paar Kurven in den Trettnigweg ein und nach kurzer Zeit erreichen wir beim ersten Teich die Hallegger Straße. Diese verlassen wir nach 100 m wieder nach rechts und wandern die Worunzer Straße vorbei am 2. Teich nach Görtschach. Von hier benutzen wir den WW 9, vorbei am Gasthof Pissl, wo wir noch einmal auf eine Schotterstraße kommen, die wir jedoch nach rechts, gegenüber einem Bauernhof, wieder verlassen. Von hier führt uns der WW 9 immer leicht abwärts unter der Autobahn hindurch nach Krumpendorf.

3 **Wanderung:** Annabichl – Maria Saaler Berg – Maria Saal

Ausgangspunkt: Klagenfurt
Parken: Nähe Bahnhof
Höhenunterschied: 300 m
Wanderzeit: 2½ Std.
Schwierigkeitsgrad: leicht!
Einkehr: Gasthöfe in Maria Saal

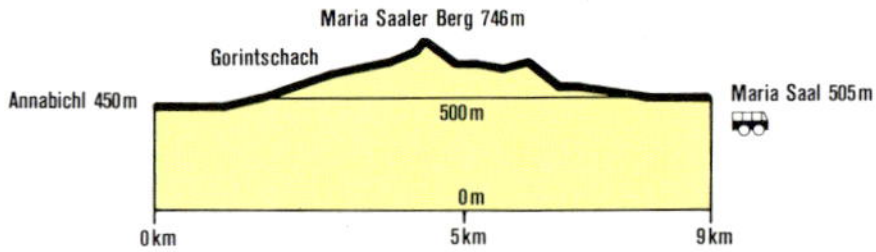

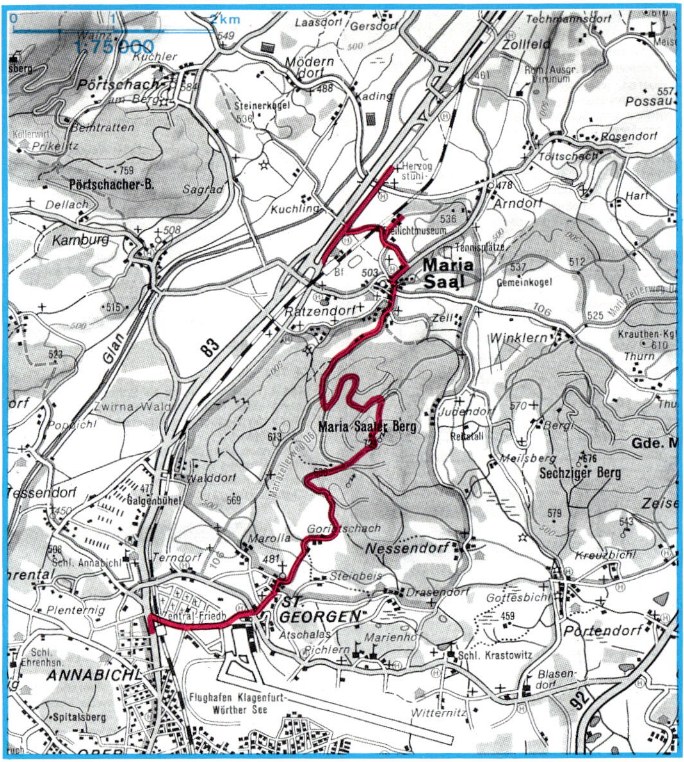

Tourenverlauf: Mit dem städtischen Bus bis zur Endstation nach Annabichl. Von hier dann über den Bahnschranken, vorbei am Friedhof zum Flughafen Klagenfurt. Bei der folgenden Kreuzung gerade weiter in die St.-Georgener-Straße. Nach ca. 5 Min. beim Feuerwehrhaus links vorbei, danach an der Kirche rechts vorbei, entlang der Straße, die nun etwas nach Gorintschach ansteigt. Hier dann zu den letzten Häusern und weiter entlang einer Schotterstraße, die kurz nach einer scharfen Rechtskurve nach links in einen Waldweg übergeht. Von hier aus erreichen wir in kurzer Zeit die Anhöhe des Maria Saaler Berges, von wo nun eine markierte kurvenreiche Waldstraße abwärts in den Ort Maria Saal führt. Beim Maria Saaler

Bergweg kommen wir in den Ort, halten uns dann beim Feuerwehrhaus links und kommen zur Ortsdurchfahrtsstraße, biegen dann nach links bei der Kirche ab und haben, bevor wir vom Bahnhof aus die Rückfahrt nach Klagenfurt antreten, auch noch die Möglichkeit, das sehr interessante Freilichtmuseum mit einem Überblick über altes Kärntner Bauernleben bzw. den ca. 15 Min. nördlich gelegenen Herzogstuhl, ein Zeugnis der Vergangenheit Kärntens, zu besuchen.

4 **Wanderung:** Ebenthal – Predigerstuhl, 712 m – Schmelzhütte

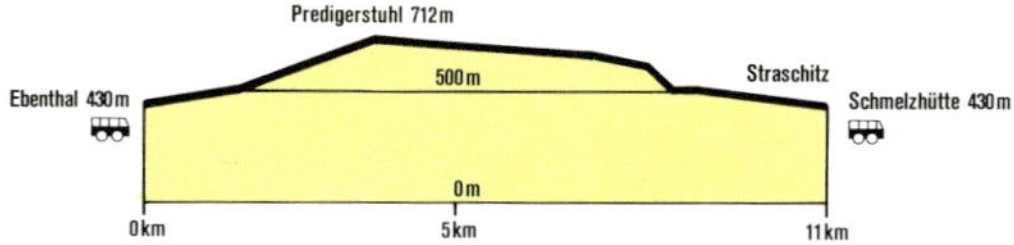

Ausgangspunkt: Klagenfurt
Parken: in der Stadt
Höhenunterschied: 280 m

Wanderzeit: 3 Std.
Schwierigkeitsgrad: leicht!
Einkehr: mehrere Gasthöfe an der Strecke

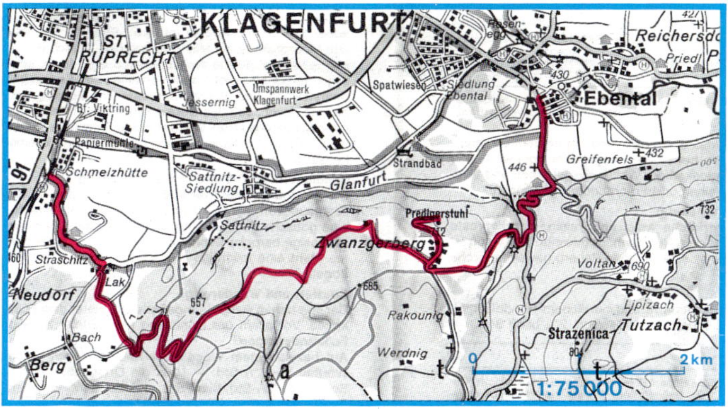

Tourenverlauf: Mit dem städtischen Linienbus fährt man bis zur Endstation Ebenthal. Von dort nimmt man die Straße südwärts Richtung Maria Rain. Man kann die Kehren entlang der asphaltierten Straße abkürzen, wenn man beim Bildstock nach Ortsende Ebenthal den Feldweg rechts benützt, wo man nach etwas steilerem Anstieg die Seitenstraße zum Dorf Zwanzgerberg erreicht, der man bis zur beschilderten Wanderwegkreuzung in der Dorfmitte folgt. Von hier aus lohnt sich auf jeden Fall der ca. 15minütige Anstieg auf den Predigerstuhl, einem teilweise überhängenden Vorsprung der Sattnitz, von wo man einen herrlichen Blick auf die Landeshauptstadt und bei klarem Wetter auch über Gurktaler Alpen sowie bis zur Sau- und Koralpe genießt. Der Abstieg nach Zwanzgerberg erfolgt wieder am gleichen Weg bis zur vorhin erwähnten Kreuzung, wo man jedoch der Nr. 30 bis Schmelzhütte an der Loiblpaßbundesstraße folgt. (Linienbus ins Stadtzentrum.)

5 **Wanderung:** Radsberg – Pfaffenwald – Maria Rain

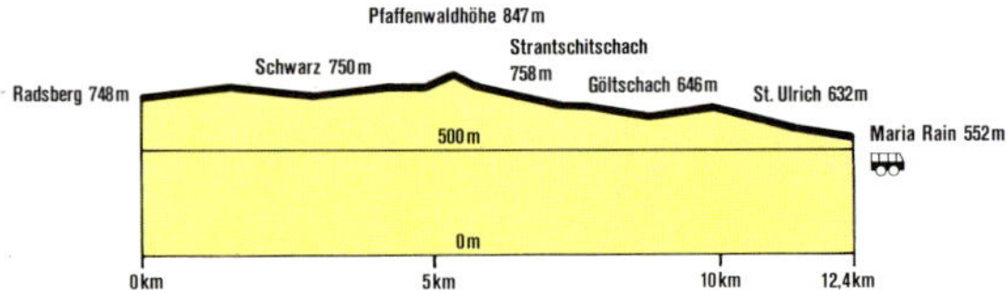

Ausgangspunkt: Klagenfurt
Parken: Nähe des Hauptbahnhofes
Höhenunterschied: 327 m

Wanderzeit: 3½ Std.
Schwierigkeitsgrad: leicht!
Einkehr: mehrere Gasthöfe

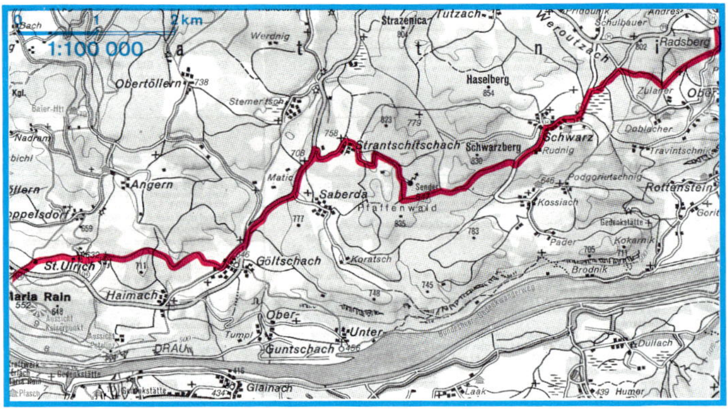

Tourenverlauf: Vom Busbahnhof Klagenfurt aus erreicht man mit dem Postbus den auf dem Sattnitzhochplateau gelegenen Ort Radsberg. Vom Ortsende im Westen biegt man bei einem Bildstock links in die Straße nach Kreuth ab, der man jedoch nur folgt, bis man in einer Senke einen Weg kreuzt, der rechts zu Gehöften auf einer Anhöhe führt. Man folgt diesem Weg, der kurzzeitig durch einen Wald und vorbei an einer unter Naturschutz stehenden Sumpflandschaft bis zur Ortschaft Schwarz führt. Von hier aus erblickt man den Sendemasten, den man von nun an als Orientierungshilfe benützt, bis man auf der 847 m hoch gelegenen Pfaffenwaldhöhe anlangt. Nach der Ortschaft Strantschitschach gelangt man auf die Straße nach Göltschach. Von Göltschach aus kann man entweder weiter der Straße entlang oder dem Wanderweg über St. Ulrich folgend nach Maria Rain wandern. In beiden Fällen bietet sich ein sehr schöner Ausblick auf Ferlach und das Rosental sowie auf das die Staatsgrenze zu Jugoslawien bildende Felsmassiv der Koschuta. Der prachtvoll am Drauhang der Sattnitz gelegene Ort ist vor allem als Wallfahrtsstätte weitum im Lande bekannt. Bereits im neunten Jahrhundert existierte hier eine Kirche des karolingischen Königshofes. Vom Bahnhof Maria Rain aus kann man entweder mit der Bahn oder mit dem Bus die Rückreise bis zum Ausgangspunkt (in Klagenfurt) antreten.

6 **Rundwanderung:** Viktring – Spintikteiche – Maiernigg – Viktring

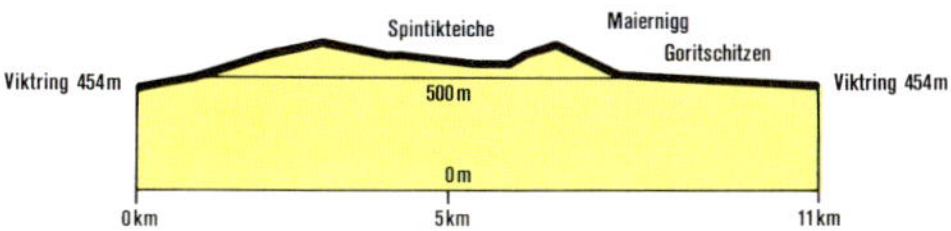

Ausgangspunkt: Viktring
Parken: Nähe des Stiftes
Höhenunterschied: ca. 90 m

Wanderzeit: 3½ Std.
Schwierigkeitsgrad: leicht!
Einkehr: mehrere Gasthöfe an der Strecke

Tourenverlauf: Kurz vor dem Durchfahrtsbogen beim Stift Viktring führt der Weg hinauf zum Treimischer Teich und nach Treimischen, wo wir die Bundesstraße überqueren und nach ca. 100 m gleich wieder rechts in den Schrottbauerweg einbiegen. Dieser führt zuerst über Asphalt etwas bergauf und dann über Schotter und durch den Wald zu einer Wegkreuzung, wo wir geradeaus bleiben und oberhalb der nächsten Ortschaft Leisbach der Beschilderung zur Friedlhöhe folgen. Bei einem Gehöft teilt sich der Weg und wir biegen links ab in den Weg »17b« zu den Spintikteichen, der nun leicht abwärts führt. Nach kurzer Wanderung erreichen wir die Teiche, die in einem urigen Naturschutzgebiet liegen. Ca. 100 m nach dem zweiten Teich biegt der WW 19 nach rechts wieder in den Wald ab und auf- und abführend nähern wir uns dem Wörther See, den wir kurz hinter dem Strandbad Maiernigg erreichen. Von hier führt uns der Weg entlang der Straße zurück nach Viktring und zu unserem Ausgangspunkt.

7 **Rundwanderung:** Köttmannsdorf – Neusaß – Wurdach – Plöschenberg

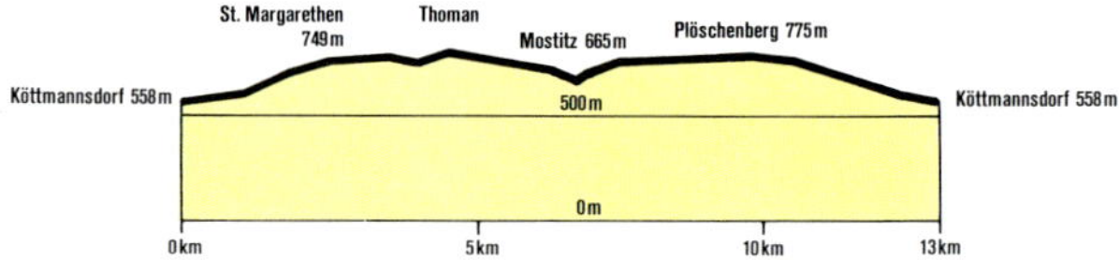

Ausgangspunkt: Köttmannsdorf
Parken: im Ort
Höhenunterschied: 217 m

Wanderzeit: 4 Std.
Schwierigkeitsgrad: leicht!
Einkehr: Gasthöfe an der Strecke

Tourenverlauf: Vom Ortszentrum aus, nach dem Nimaro-Werk in westlicher Richtung, geht es durch den Wald nach St. Margareten. Dort nehmen wir den Feldweg an der Kirche vorbei nach Neusaß, wo wir nun eine herrliche Aussicht auf das Rosental genießen. Nach dem Haus Koban biegt ein Weg rechts ein. Beim Gehöft Thoman biegen wir rechts ab und erreichen nach einer kleinen Senke Tschrestal. Bei der Gabelung am Ortsende nach links. In Mostitz zweigt von der Straße ein steilerer Waldweg aufwärts zum Dorf Wurdach ab. Hier nun nach rechts und östlich der Straße nach Plöschenberg, vorbei an einigen Gehöften mit nun herrlicher Aussicht auf die Karawanken und das untere Rosental. Nach dem Gasthof Toplitzer führt eine Asphaltstraße talwärts, wir verlassen diese aber nach einer Kurve nach rechts und wandern auf einem Feldweg leicht talwärts durch eine Neubausiedlung. Bei der Kirche erreichen wir das Ortszentrum von Köttmannsdorf und unseren Ausgangspunkt.

8 **Talwanderung:** Keutschacher Seental

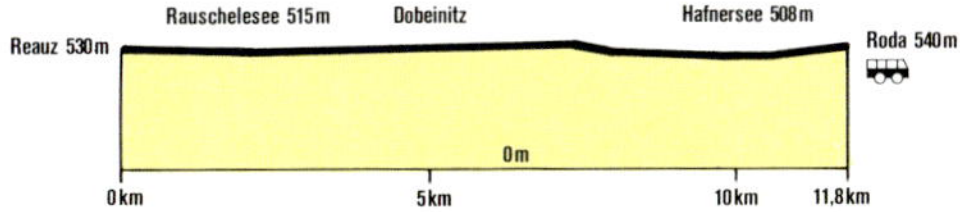

Ausgangspunkt: Reauz
Parken: beim Gasthof Krassnitzer
Höhenunterschied: 44 m

Wanderzeit: 3½ Std.
Schwierigkeitsgrad: leicht!
Einkehr: mehrere Gasthöfe an der Strecke

Tourenverlauf: Vom Ausgangspunkt folgen wir der Bundesstraße nach Westen und biegen kurz danach links bei einer Abzweigung mit Schildern (2 Campingplätze) ab. Wir wandern Richtung Camping Reichmann und erreichen den Rauschelesee. Nun durch den Campingplatz zum gut beschilderten Wanderweg 34, der gleich hinter dem Campingplatz beginnt und entlang des bewaldeten Südufers führt. Entlang des Schilfgürtels und sumpfiger Wiesen führt uns nun der Weg weiter zum verträumt gelegenen und vom Badetourismus ferngehaltenen Baßgeigensee mit seiner tiefgrünen Färbung. Weiter nun am Südrand der Moorauen, bis wir bei Dobeinitz ein kurzes Stück Asphaltstraße erreichen, welches wir nach ca. 100 m wieder nach links verlassen. Nach ein paar Häusern biegt der Weg 34 in den Wald rechts ab, und dort verlassen wir diesen bei einer Kreuzung. Dem WW 30 geht es dem Südufer des Keutschacher Sees entlang nach Westen. Nach ca. 15 Min. ist der herrliche Waldweg zu Ende und wir erreichen beim FKK-Gelände am Wiesenhof wieder die Asphaltstraße. Ca. 100 m nach dem Tennisplatz verlassen wir wieder das rege Treiben am Keutschacher See und biegen nach links in eine Schotterstraße, die uns direkt zum Hafnersee führt. Diesem entlang führt am Südufer ein Wiesenweg, der einige Zeit nach dem See einen starken Rechtsknick macht, worauf wir bei Roda die Bundesstraße erreichen (Bushaltestelle).

9 **Wanderung:** Keutschach – Goldener Brunnen – Ludmannsdorf

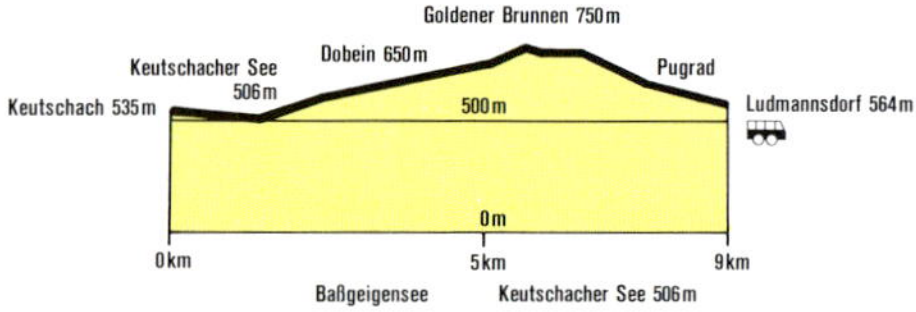

Ausgangspunkt: Keutschach
Parken: beim Gemeindeamt
Höhenunterschied: 310 m

Wanderzeit: 4 Std.
Schwierigkeitsgrad: leicht!
Einkehr: Gasthöfe in Keutschach und Ludmannsdorf

Tourenverlauf: Vom Ausgangspunkt wandern wir nach Westen, zweigen nach kurzer Zeit bei der Beschilderung nach links in Richtung See, danach bei einem kleinen Teich wieder nach rechts ab. Bei der darauffolgenden Kreuzung wenden wir uns wieder nach links, bis wir eine Gabelung im Wald erreichen. Hier ist der Weg nach Ludmannsdorf mit »31« beschildert. Wir zweigen kurz danach vom See ab und wandern eine wunderschön gelegene Waldstraße aufwärts nach Dobein. Unterwegs bietet sich uns bei einigen Passagen ein sehr schöner Ausblick auf den Keutschacher See. Kurz nachdem die Straße wieder in den Wald führt, biegt unsere Route in einen Waldweg nach links ab, wo wir nun einige Zeit vorerst noch flach, dann etwas steiler aufwärts wandern. Kurz vor dem Kamm stoßen wir auf eine Wegkreuzung, von der wir dem WW 29 nach Süden zum Goldenen Brunnen folgen. Kurz nach diesem beginnt der Weg wieder zu fallen; bei der Jagdhütte biegen wir nach links ab und wandern einen Waldweg abwärts, welcher oberhalb von Pugrad in eine Asphaltstraße einmündet. Hier genießen wir eine schöne Aussicht auf das Rosental mit dem Feistritzer Stausee sowie auf die Karawanken. Über die Asphaltstraße abwärts kommen wir nach Ludmannsdorf. Als Rückweg nach Keutschach stehen uns entweder die Wanderung auf dem gleichen Weg oder eine Fahrtmöglichkeit über Klagenfurt per Bus zur Auswahl.

10 **Wanderung:** Reifnitz – Pyramidenkogel, 846 m

Ausgangspunkt: Reifnitz
Parken: im Ort
Höhenunterschied: 406 m
Wanderzeit: 2½ Std.
Schwierigkeitsgrad: leicht!
Einkehr: mehrere Gasthöfe an der Strecke
Karte: siehe Seite 38

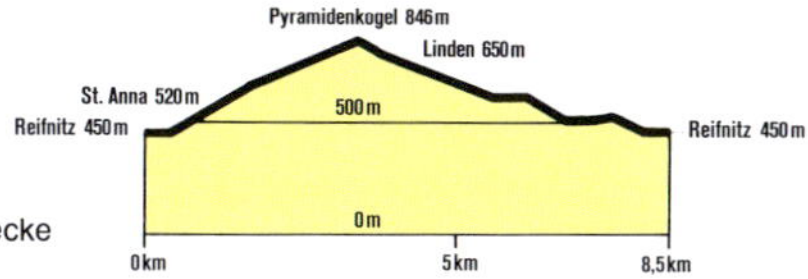

Tourenverlauf: Vom Reifnitzer Ortszentrum aus wandern wir ein kurzes Stück auf der Süduferstraße nach Westen und biegen beim Gasthof Kärntner Stub'n links in den WW 10 ein, der uns nach St. Anna, oberhalb von Reifnitz, führt. In St. Anna biegen wir gleich gegenüber vom Gehöft mit Reitstall links in den beschilderten Weg auf den Pyramidenkogel ein. Dieser geht nach einem kurzen Stück Asphaltstraße in einen Wanderweg über, der vorerst sehr schöne Ausblicke auf den Ostteil des Wörther Sees und die Reifnitzer Bucht gewährt. Bei einem Gehöft stößt der von Maria Wörth kommende WW 6 von rechts dazu, dem wir nun folgen. Nach einem kurzen, etwas steileren Stück erreichen wir bald die Straße auf den Pyramidenkogel. Am dort befindlichen 54 m hohen Aussichtsturm glaubt man sich tatsächlich auf dem »Dach Kärntens« zu befinden, die Rundsicht scheint jedenfalls unbegrenzt zu sein. Für den Abstiegsweg benutzen wir ein längeres Stück der Straße und biegen dann scharf nach links in den Weg nach St. Margareten ein (beschildert mit »8«), der uns an den Resten der einstigen Burg Reifnitz mit der Kirche von St. Margareten zurück zu unserem Ausgangspunkt nach Reifnitz führt.

⑪ **Wanderung:** Velden – Schiefling – Trattnigteich – Maria Wörth

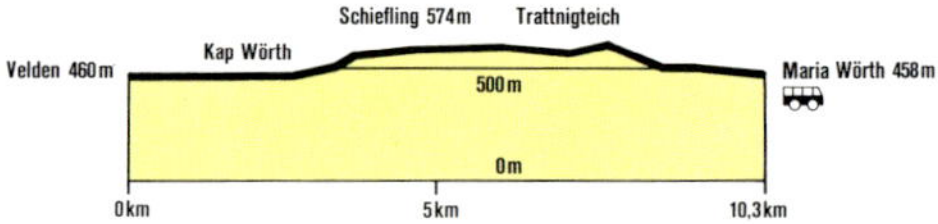

Ausgangspunkt: Velden
Parken: im Ort
Höhenunterschied: 130 m

Wanderzeit: 3½ Std.
Schwierigkeitsgrad: leicht!
Einkehr: mehrere Gasthöfe an der Strecke

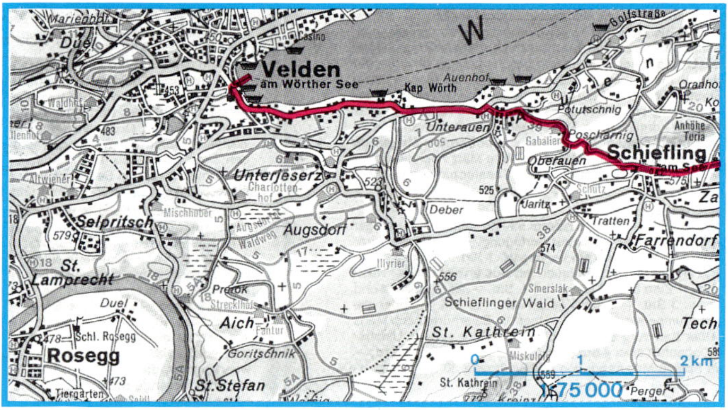

Tourenverlauf: Vom Ortszentrum Veldens aus wandern wir entlang dem See-Südufer nach Osten, erreichen die Südufer-Bundesstraße und biegen dann in der Ortschaft Auen gegenüber dem Hotel Schabus nach rechts in die Straße nach Schiefling ein. Nun wandern wir diese leicht ansteigende Asphaltstraße aufwärts, biegen bei der Gabelung beim Poscharnighof links ab und kommen nun in ein Waldstück. In diesem biegen wir bei einer weiteren Kreuzung nach rechts ab und erreichen nach ca. 10 Min. Schiefling.

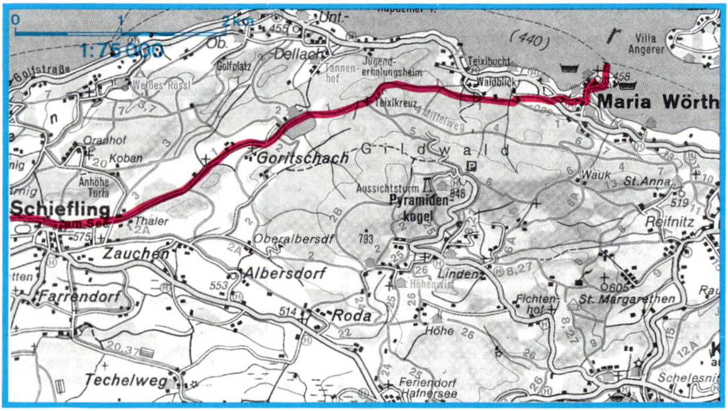

Schiefling gegen Wörther See

Hier führt unser Weg gleich beim ersten Haus gerade weiter, nicht rechts ins Ortszentrum; wir wandern wieder ein Stück über eine Schotterstraße und beim Erreichen der nächsten Häuser führt unser Weg rechts und gleich darauf (ca. 20 Meter) wieder nach links. Nun führt uns der Weg ziemlich eben dahin, teilweise durch Wald, teilweise an Wiesen vorbei zum Trattnigteich. Am nördlichen Ufer vorbei führt uns nun der gut beschilderte Weg aufwärts zum Teixl- und Bärenkreuz, wir erblicken bereits den Wörther See und nach kurzer Wanderung erreichen wir bei Maria Wörth wieder die Süduferstraße, von wo wir nun die Wahl zwischen einer Rückfahrt per Schiff oder per Bus nach Velden haben.

12 **Wanderung mit Schiffsrückfahrt:** Velden — Forstsee — Pörtschach

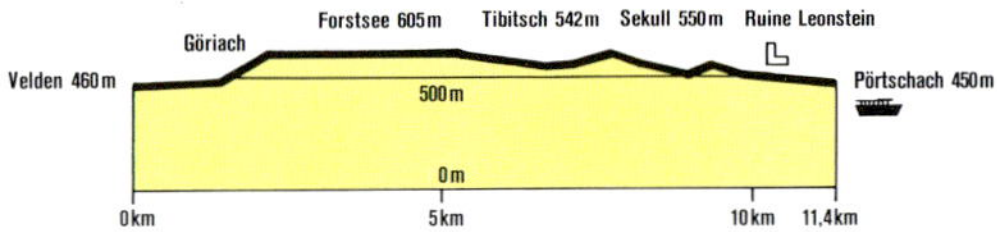

Ausgangspunkt: Velden
Parken: im Ort
Höhenunterschied: 150 m

Wanderzeit: 5 Std.
Schwierigkeitsgrad: leicht!
Einkehr: mehrere Gasthöfe an der Strecke

Tourenverlauf: Vom Ortszentrum Veldens wandern wir in Richtung Klagenfurt und biegen 200 m vor dem Ortsende in die Unterwinklerner Straße ein. Wir passieren Bahnlinie und Autobahnunterführung und schwenken dann rechts in die Forstseestraße ein, die an ihrem Ende in einen sehr romantischen Wanderweg mündet. Immer leicht ansteigend erreichen wir den mitten in Föhrenwäldern gelegenen See, wo sich zweifellos die Weiterwanderung am Nordufer wie auch am Südufer anbietet (oder eine komplet-

Velden, Schloßhotel (Schloß der Khevenhüller, 16. Jh.)

te Umrundung), ehe wir am Südostende dem WW 25 folgen, der uns über einen kleinen Bergrücken und dann in einen Graben zur Forstseestraße führt, die wir überqueren und nur wenige Meter aufwärts wandern und dann dem WW 25 weiter folgen, der dort wieder rechts abbiegt. Nach leichter, abwärts führender Wanderung erreichen wir den Ort Tibitsch. Von dort steigt der Weg nach Sekull wieder leicht an. Hier überqueren wir die Techelsbergstraße, wandern auf dieser ein Stück abwärts und biegen nochmals links in den Weg ein, der zuerst oberhalb der Autobahn nach Pörtschach führt. Bei der Ruine Leonstain gehen wir unterhalb der Autobahn durch, der Straße entlang, die uns in den Ort führt, wo wir dann von der Station Werzer die Schiffsrückfahrt nach Velden antreten. Fahrplanauskunft sollte schon in Velden eingeholt werden!

(13) **Wanderung:** Köstenberg – Rabenkogel, 1.061 m

Ausgangspunkt: Köstenberg
Parken: Nähe Postamt
Höhenunterschied: 269 m
Wanderzeit: 3 Std.
Schwierigkeitsgrad: leicht!
Einkehr: Gasthöfe in Köstenberg

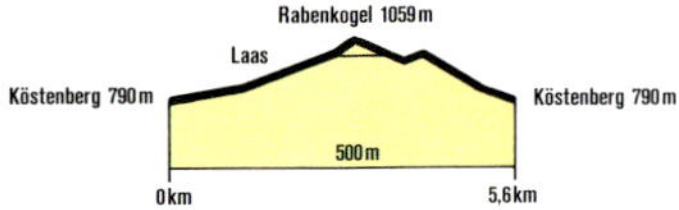

Tourenverlauf: Der Weg beginnt rechts neben dem Postamt und führt zuerst über eine Asphaltstraße den Ort hinauf und geht beim Dorfende in eine Schotterstraße über, die sich sanft nach Osten den Hang entlang aufwärts windet. Nach ca. 20 Min. stoßen wir bei einer Kehre an die Tauernstraße, der wir nun bergwärts folgen. Wir kommen in den Wald und nach einigen Kurven biegen wir rechts in eine Straße ein, die mit einem Schranken und einer Fahrverbotstafel für den Verkehr gesperrt ist. Nach 4 Kurven verlassen wir diese Straße nach links und steigen eine mit weißem Schotter belegte Straße bergwärts, erreichen eine Kuppe und haben nun die Wahl, ob wir nach rechts die paar Kurven bis zum »Gipfel« aufwärts marschieren (die Anhöhe ist als Gipfel nicht deutlich erkennbar, sondern eher eine flache Waldkuppe), oder den Weg geradeaus weiter benützen, um wiederum den Abstieg nach Köstenberg anzutreten, wo wir zuerst wieder ein Stück auf die Tauernstraße gelangen und dann den WW 2 bis zum Ausgangspunkt benutzen, der durch den Wald ins Dorf führt. Die Etappe vom Rabenkogel führt durch einen anscheinend selten benutzten Waldweg abwärts und ist teilweise mit hohem Gras bewachsen, daher ist ein Begehen nur bei trockenem Wetter ratsam.

(14) **Wanderung:** Trabenig – Taubenbühel, 1.069 m

Ausgangspunkt: Trabenig
Parken: Umgebung der Wegkreuzung
Höhenunterschied: 400 m
Wanderzeit: 4 Std.
Schwierigkeitsgrad: leicht!
Einkehr: Gasthöfe in Trabenig und Schwarzendorf

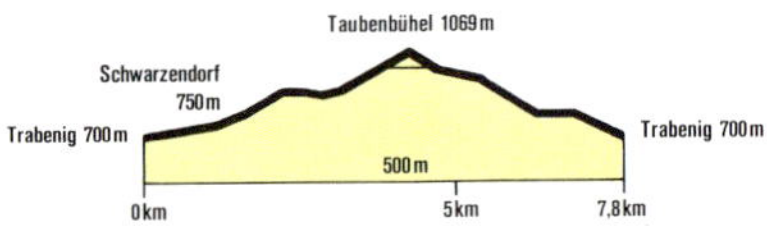

Lungenkraut

Tourenverlauf: Vom Dorf Trabenig, welches man entweder von St. Martin am Techelsberg oder von Velden aus erreicht, wandern wir die Straße westwärts nach Ebenfeld. Wir steigen dann in Schwarzendorf die Straße aufwärts, bis wir am Ortsende auf eine Schotterstraße stoßen, die wir bei der ersten Kurve wieder verlassen, indem wir geradeaus weitermarschieren. Der Weg führt uns nun in den Wald und führt uns durch ein paar Kurven leicht ansteigend zum Gehöft Jörgl, wo wir kurz darauf wieder eine breitere Schotterstraße erreichen. Nun wird der Weg wieder etwas steiler, wir beginnen bereits schöne Ausblicke auf das Hügelland um den Wörther See zu genießen, und nach ein paar weiteren Kurven und dem Passieren der letzten Wohnhäuser gelangen wir auf den Gipfel des Taubenbühel. Für den Abstieg benutzen wir den Aufstiegsweg, zweigen jedoch nicht mehr zum Gehöft Jörgl ab. Wir bleiben auf der Straße Richtung Karl, wandern auf dieser südwärts durch den Wald und biegen bei der Abzweigung im Wald links ab. Hier folgen wir jedoch der Straße nur noch kurze Zeit, denn bei der nächsten Abzweigung nach ca. 10 Min. benutzen wir einen Waldweg rechts abbiegend, wo wir im leichten Gefälle wieder unseren Ausgangspunkt in Trabenig erreichen.

⑮ **Bergwanderung:** St. Martin a. T. – Hoher Gallin, 1.046 m

Ausgangspunkt: St. Martin am Techelsberg
Parken: Gemeindeamt
Höhenunterschied: 361 m
Wanderzeit: 4 Std.
Schwierigkeitsgrad: leicht!
Einkehr: mehrere Gasthöfe an der Strecke

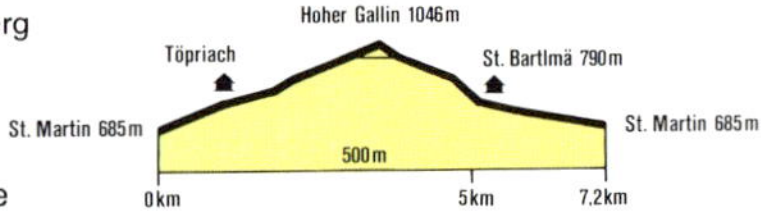

Tourenverlauf: Von St. Martin aus nehmen wir den Weg, der vom Gemeindeamt aus Richtung St. Bartlmä führt, verlassen diesen nach ca. 300 m wieder nach links und benutzen von nun an den WW 18, der Richtung Hoher Gallin beschildert ist. Zuerst gelangen wir jedoch über eine Wiese nach Töpriach, wandern an ein paar Häusern vorbei bis zum Ortsende, bis der Weg weiter in den Wald hineinführt. Nach einiger Zeit beginnt der Weg etwas anzusteigen. Wir wandern ein paar Kehren stetig aufwärts und erreichen recht bald und mühelos den Gipfel, von wo aus man bei entsprechender Witterung tatsächlich den Eindruck haben darf, sich im Mittelpunkt des Kärntnerlandes zu befinden, da von mehreren Stellen aus eine weite Rundsicht vorhanden ist. Als Abstiegsweg benutzen wir weiter den WW 18, der nun zuerst ostwärts, dann ständig auf einem Schotterweg abwärts nach Südosten führt. In St. Bartlmä biegen wir nach dem Gasthof Pagitz nach rechts ab und erreichen entlang der asphaltierten Straße unseren Ausgangspunkt.

⑯ **Rundwanderung:** Pörtschach – Moosburger Teiche – Pörtschach

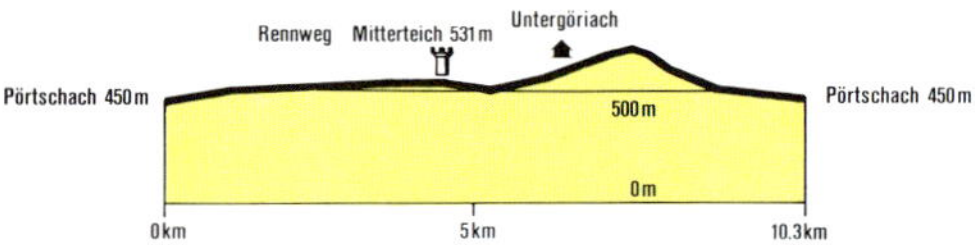

Ausgangspunkt: Pörtschach
Parken: im Ort
Höhenunterschied: 190 m
Wanderzeit: 4½ Std.
Schwierigkeitsgrad: leicht!
Einkehr: mehrere Gasthöfe an der Strecke
Karte: siehe oben

Gänseschar in Untergöriach bei Moosburg

Tourenverlauf: Von der Hauptstraße in Pörtschach biegen wir bei der Aral-Tankstelle in die Moosburger Straße ein. Dieser folgen wir, bis wir rechts an einem »Kelag-Häuschen« in den gut beschilderten Wanderweg 14 Richtung Moosburger Teiche einbiegen, welcher uns zuerst unter der Autobahn hindurch, dann aufwärts zur Pörtschacher Alm und dann ziemlich eben dahin führt, bis wir eine Wegkreuzung erreichen. Hier bleiben wir links und erreichen den großen Moosburger Teich. Hier folgen wir zuerst dem Südufer und gelangen zwischen großem und kleinerem Teich auf die Straße von Pörtschach. Wir biegen dann rechts in den Ort ab, gehen durch den Ort und wenden uns nach der Kirche scharf rechts (Gaisrückenstraße). Bei einer Gabelung haben wir jetzt die Wahl, ob wir links der sehr romantisch durch den Wald führenden Gaisrückenstraße bis Pörtschach folgen oder ob wir rechts nach Untergöriach wandern und ab dem Gasthof Angererhof das beschilderte Wanderwegnetz nach Pörtschach benutzen, wobei vor allem die Route über den Bannwald traumhafte Ausblicke auf die Buchten des Wörther Sees gewährt. Letztere Routen seien vor allem Wanderern mit Konditionsreserven empfohlen.

Glantal - Ossiacher See

St. Veit – Glantal – Ossiacher See

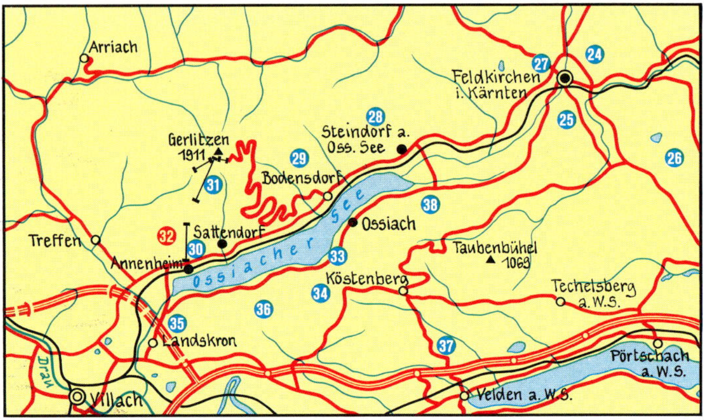

Ortsbeschreibungen:

FELDKIRCHEN IN KÄRNTEN

Stadtgde., Bez. Feldkirchen, Einw.: 11.200, Höhe: 556 m, Postltz.: A-9560. **Auskunft:** Stadtgemeindeamt Feldkirchen, Tel. 04276/2176. **Bahnstation:** Feldkirchen. Busverbindung nach Villach, St. Veit, St. Urban, Ossiach, Klagenfurt usw.

Der 888 als Velchiricha erstmals genannte Ort liegt in einem vom Tibelbach durchflossenen Talkessel, der von reizvollen Teichen, waldbestandenen Hügeln, romantischen Schlössern und Ruinen umgeben ist. Obwohl Feldkirchen im Schnittpunkt von sechs durchziehenden Bundesstraßen liegt und Eisenbahnstation ist, strahlt die kleine Landstadt noch immer eine biedermeierliche Ruhe und Behaglichkeit aus. 1311 wird der Ort als Markt bezeichnet. Türken (1476) und Magyaren (1482) brandschatzten ihn; 1809 bis 1814 rückten französische Truppen als Besatzung ein. 1930 erfolgte die Stadterhebung. 1851 wurde in Waiern eine evangelische Pfarre errichtet, gleichzeitig entstanden einige evangelische Wohltätigkeitsanstalten, darunter ein Krankenheim. Schuh-, Textil-, Holz- und Likörindustrie.

Sehenswert

Die ursprünglich romanische **Stadtpfarrkirche Maria im Dorn** erfuhr in späterer Zeit mehrfache Umbauten; sie birgt ein spätgotisches Holzkruzifix, spätromanische Freskenreste, schöne Grabsteine und einen Flügelaltar aus der Zeit um 1515. Der **Wehrturm** neben der Kirche stammt aus der Türkenzeit. Der südlich der Kirche liegende **Karner** wurde zu einem Kriegerdenkmal ausgebaut – **Michaelskirche** und Amthof (16. Jh.). – Schöner Hauptplatz mit mehreren Häusern im Biedermeierstil. – **Pestsäule** 1760. – **Straßenrondell,** stilisierter Kärntner Bildstock und ein Denkmal mit großem Wandfresko (2000jährige Verkehrsgeschichte).

FRAUENSTEIN

Gde., Bez. St. Veit, Einw.: 2.910, Höhe: 630 m, Postltz.: A-9311. **Auskunft:** Gemeindeamt Frauenstein, Tel. 04212/ . **Bahnstation:** St. Veit. Busverbindung mit Feldkirchen und St. Veit.

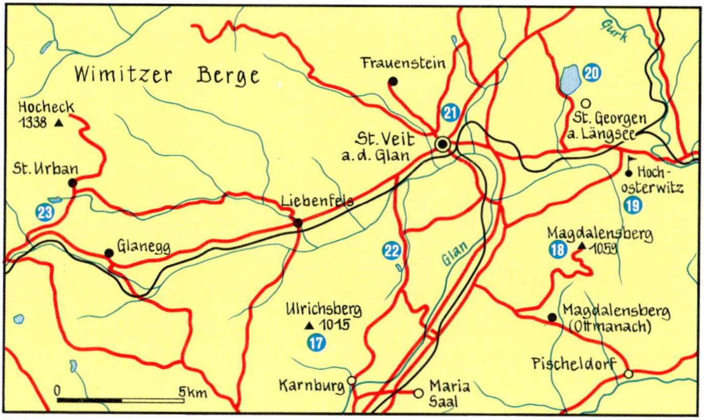

● Fremdenverkehrsverband, Verkehrsverein — Straße — Eisenbahn
35 Lage der beschriebenen Wanderwege

Der Ort ist benannt nach dem ehemaligen Wasserschloß Frauenstein aus dem Jahr 1147. Christoph Welzer I. von Eberstein errichtete um 1520 den heutigen Bau. In Dreifaltigkeit steht die einzige Holzkirche Mitteleuropas.

GLANEGG

Gde., Bez. Feldkirchen, Einw.: 1.750, Höhe: 570 m, Postltz.: A-9555. **Auskunft:** Gemeindeamt Glanegg, Tel. 04277/376. **Bahnstation:** Glanegg. Busverbindung mit Feldkirchen.

Sehenswert

Gotische Kirche **St. Gandolf** mit berühmten Fresken. – **Kirche in Maria Feicht.** – **Ruine Glanegg.** – **Ruine Hardegg.** – **Wehrkirche Rottendorf.**

LIEBENFELS

Gde., Bez. St. Veit, Einw.: 3.050, Höhe: 478 m, Postltz.: A-9556. **Auskunft:** Gemeindeamt Liebenfels, Tel. 04215/ . **Bahnstation:** im Ort. Busverbindung mit Klagenfurt, Feldkirchen und St. Veit.

Seit dem Jahr 1958 besteht diese Gemeinde, die aus den Ortschaften Hardegg, Liemberg und Pulst bestand. 1973 wurde zusammen mit Sörg diese Großgemeinde gegründet.

OSSIACH

Gde., Bez. Feldkirchen, Einw.: 600, Höhe: 508 m, Postltz.: A-9570. **Auskunft:** Verkehrsamt Ossiach, Tel. 04243/497. **Bahnstation:** Auf der gegenüberliegenden Seeseite Ossiach-Bodensdorf. Dorthin Fähre. Busverbindung mit Villach und Feldkirchen.

Sehenswert

Überaus sehenswert ist das sagenumwobene **ehemalige Benediktinerstift,** das als ältestes Männerkloster Kärntens zu Beginn des 11. Jh.s gegründet wurde. 1484 brannten die Türken Kloster und Kirche vollkommen nieder; Ossiach wurde nun als Wehrkloster umgebaut und im 18 Jh. barokkisiert. Das Stift wurde schließlich nach dem ehemaligen Schloß Wernberg verlegt und 1783 von Kaiser Josef II. endgültig aufgehoben. Heute ist im

Stiftsgebäude, das im Besitz der Österreichischen Bundesforste ist, ein gut geführtes Hotel untergebracht. – Die dreischiffige, ursprünglich romanische **Pfeilerbasilika** wurde um 1740 im Inneren barockisiert; die Wandgemälde schuf Kärntens größter Barockmaler, Jos. Ferdinand Fromiller. Die gotische Taufkapelle birgt einen spätgotischen Flügelaltar (um 1515) und Renaissance-Grabsteine. An der Nordwand der Kirche kennzeichnet ein römischer Reliefstein mit einer Pferdedarstellung das legendäre Grabmal des Polenkönigs Boleslaus, der den Krakauer Bischof Stanislaus ermordet hatte und in Ossiach als Büßer starb. – Das **Stiftsgebäude** weist einen großen Fürstensaal mit 14 Habsburger-Gemälden von Fromiller auf. – Den stimmungsvollen **Friedhof** mit schönen schmiedeeisernen Grabkreuzen umgibt eine Mauer mit einem dreigeschossigen Wehrturm (ehem. Karner).

ST. URBAN

Gde., Bez. Feldkirchen, Einw.: 1.270, Höhe: 792 m, Postltz.: A-9560. **Auskunft:** Verkehrsamt St. Urban, Tel. 04277/8311. **Bahnstation:** Feldkirchen, St. Martin. Busverbindungen.

Keltische oder römische Kopfskulpturen (zu besichtigen am Stiegenaufgang des Südportals der Kirche) weisen auf frühe Siedlungstätigkeit im Raume St. Urban hin.

ST. VEIT AN DER GLAN

Stadtgde., Bez. St. Veit, Einw.: 12.000, Höhe: 482 m, Postltz.: A-9300. **Auskunft:** Fremdenverkehrsverband St. Veit, Tel. 04212/ . **Bahnstation:** im Ort. Busverbindung mit Feldkirchen, Klagenfurt und Friesach.

1131 erstmals urkundlich genannt, wurde St. Veit 1224 zur Stadt erhoben. Seine zentrale Lage veranlaßte im 14. Jh. die Spanheimer Herzöge dazu, hier ihren Regierungssitz aufzuschlagen, der nach 1514 nach Klagenfurt verlegt wurde.

Sehenswert

Hochosterwitz. – Rathaus. – Stadtpfarrkirche. – Herzogsburg. – Klosterkirche. – Heimatmuseum. – Münzkabinett.

SATTENDORF-ANNENHEIM

Gde. Treffen, Bez. Villach-Land, Einw.: 3.014, Höhe: 501 m, Postltz.: A-9520. **Auskunft:** Kurverwaltung Sattendorf, Tel. 04248/2336. **Bahnstation:** Sattendorf-Annenheim. Busverbindung mit Villach und Feldkirchen. **Bergbahn:** Kanzelbahn, Seilschwebebahn, Talstation Annenheim 501 m, Bergstation Kanzelhöhe 1.500 m, Bahnlänge 1.000 m, Fahrzeit 6 Min. Mehrere Sessel- und Schlepplifte auf der Gerlitzen.

Annenheim und Sattendorf sind zwei gern besuchte Seebäder am sonnseitigen Ufer des Ossiacher Sees zu Füßen der aussichtsreichen Gerlitzen. Auf der Kanzelhöhe (längste Sonnenbestrahlung Europas) befindet sich ein Sonnenobservatorium.

STEINDORF AM OSSIACHER SEE

Gde., Bez. Feldkirchen, Einw.: 3.100, Höhe: 517 m, Postltz.: A-9551. **Auskunft:** Gemeindeamt Steindorf, Tel. 04243/216. **Bahnstation:** Steindorf. Busverbindung mit Villach und Feldkirchen.

Sehenswert

Die gotische **Johanneskirche** wurde 1893 erneuert. Die schon sehr früh genannte **Jakobuskirche** wurde über den Ruinen eines römischen Jupiterheiligtums erbaut. – Die **Margarethenkirche** (romanisch).

17 Wanderung: Karnburg – Ulrichsberg, 1.015 m

Ausgangspunkt: Karnburg
Parken: an der Hauptstraße im Ort
Höhenunterschied: 520 m
Wanderzeit: 3 Std.
Schwierigkeitsgrad: leicht!
Einkehr: Gasthof Kollerwirt

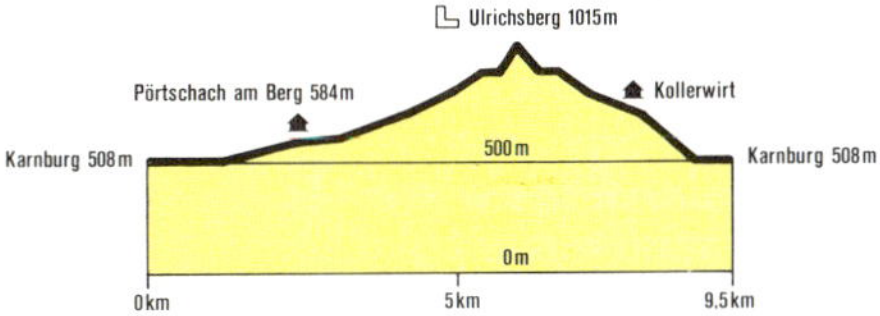

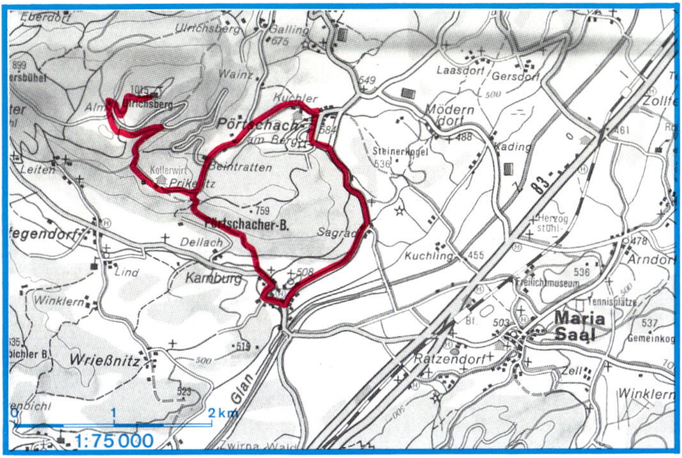

Tourenverlauf: Karnburg verlassen wir nordostwärts über die Hauptstraße, die bald darauf anzusteigen beginnt und ca. 20 Minuten später Pörtschach am Berg erreicht. Bei einer Fahrverbotstafel biegen wir nach links in den Ort ab, kommen kurz darauf wieder zu einer Asphaltstraße, die nun Richtung Ulrichsberg ansteigt. Bei Erreichen eines Waldstückes wird die Straße etwas steiler und kurvenreicher, danach führt sie wieder aus dem Wald heraus zum Gasthof Kollerwirt. Hier endet kurz darauf die Asphaltstraße und wir wandern am beschilderten Weg entlang aufwärts, bis wir kurz unterhalb des markanten Gipfels mit seiner Ruine und dem weithin sichtbaren Kreuz wieder auf eine Fahrstraße stoßen, die von Pörtschach bis kurz unterhalb des Gipfels führt. Dieser Gipfel hat neben seiner schönen Aussicht auch viel Tradition. Heute bildet er alljährlich zwei Wochen nach Ostern ein Ziel des Vierbergelaufs neben dem Magdalensberg, Gösseberg und Lorenziberg. Der Vierbergelauf ist vermutlich eine alte keltische Tradition, die 1335 durch Papst Urban VI. die christliche Weihe erhalten hat. Für den Rückweg benutzen wir den gleichen Weg bis zum Kollerwirt, kurz danach, nach Beginn des Waldes, führt ein etwas steilerer Weg durch den Wald nach Karnburg hinab.

18 **Wanderung:** Magdalensberg, 1.059 m

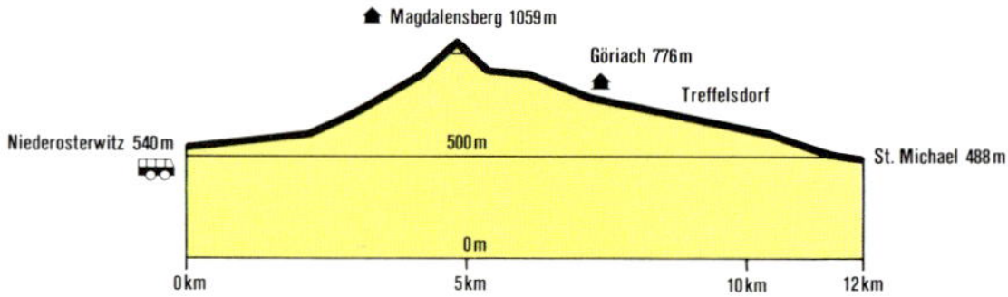

Ausgangspunkt: St. Michael am Zollfeld
Parken: an der Bundesstraße
Höhenunterschied: 571 m

Wanderzeit: 4 Std.
Schwierigkeitsgrad: leicht!
Einkehr: mehrere Gasthöfe an der Strecke

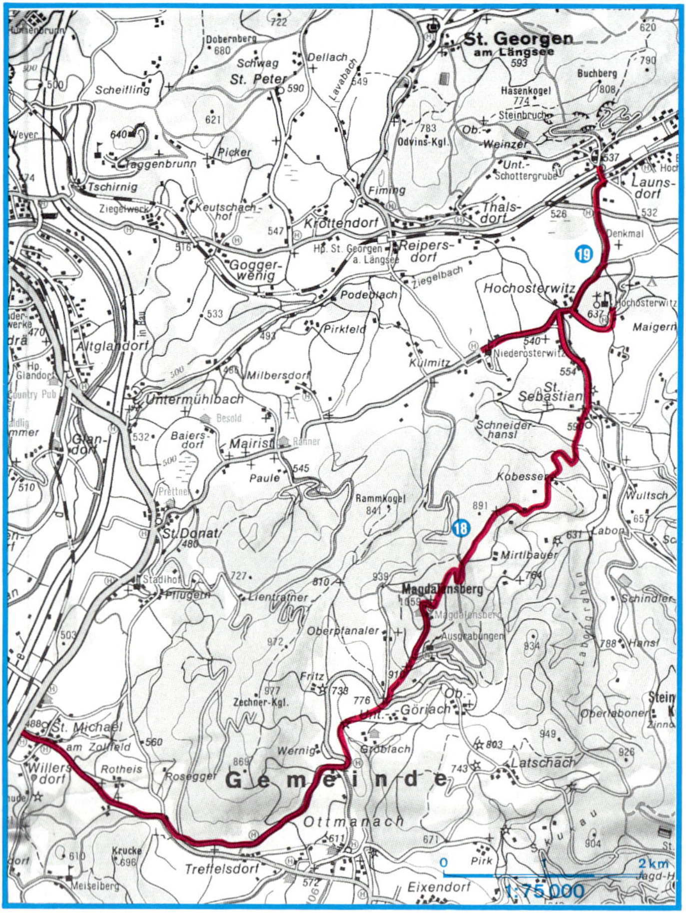

Tourenverlauf: Mit dem Bus von St. Michael Richtung Launsdorf. Bei der Haltestelle Niederosterwitz verlassen wir den Bus und wandern, die prachtvolle Burg vor Augen, ein kurzes Stück nach Osten, bis wir nach rechts nach St. Sebastian abbiegen. Hier finden wir bereits die Beschilderung zum Magdalensberg vor, der wir von nun ab folgen. Im Dorf St. Sebastian biegt der Weg bei einem Baum kurz vor der Kirche nach rechts in einen Hohlweg ein. Der Weg ist nun etwas grasverwachsen, da er wegen der bis zum Gipfel existierenden Fahrstraße nicht sehr häufig begangen wird. Bald darauf führt er über ein paar Kurven etwas steiler aufwärts und wir erreichen den Hochwald, von wo nun ein sehr schöner Weg direkt zum Gipfel mit seiner Kirche führt. Am Weg selbst genießt man noch einige prachtvolle Ausblicke auf die Burg Hochosterwitz, bevor der Gipfel durch seine herrliche Aussicht auf Unterkärnten sowie das Klagenfurter Becken unsere Aufmerksamkeit beanspruchen. Vom Gipfel südwärts über die Asphaltstraße (mit kleinen Abkürzungsmöglichkeiten) durchschreiten wir nun uraltes Kärntner Siedlungsgebiet, wo es geradezu selbstverständlich ist, auch die keltisch-römischen Ausgrabungen etwa 10 Minuten unterhalb des Gipfels zu besuchen. Von der Ausgrabungsstätte aus lohnt es sich, die Fahrstraße bis St. Michael für den Abstieg zu benutzen, da wir die Aussicht dadurch noch etwas länger genießen können. Nach mühelosem Abstieg erreichen wir danach St. Michael, den Ausgangspunkt.

19 **Wanderung:** Launsdorf – Burg Hochosterwitz

Ausgangspunkt: Launsdorf
Parken: bei der Kirche
Höhenunterschied: 100 m
Wanderzeit: 2½ Std.
Schwierigkeitsgrad: leicht!
Einkehr: in der Burg
Karte: siehe Seite 54

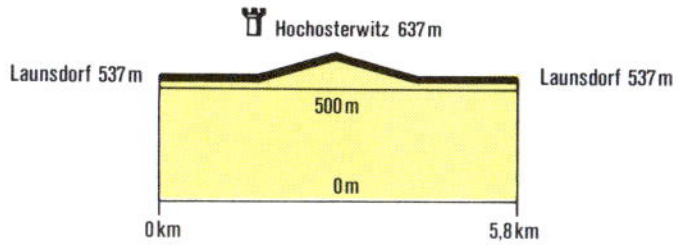

Tourenverlauf: Als »unentbehrlich« muß man diese Tour für alle Kärntenbesucher wie auch für all jene bezeichnen, die in ihrer Kindheit gerne Rittergeschichten gelesen haben. Denn die Vorstellungen von damals werden beim Besuch der Burg Hochosterwitz in die Tat umgesetzt. Wir beginnen unsere Wanderung in Launsdorf, hier kann der interessanten Kirche ein Besuch abgestattet werden; ihr Baustil repräsentiert gleich mehrere Epochen. Von der Kirche aus wenden wir uns danach südwärts über die Brücke, danach rechts. Weiter dann gleich über die Kreuzung und nach kurzer Zeit erreichen wir den weithin sichtbaren Felsen, der die Burganlage trägt. Am Nordwestfuß des Berges beginnt der Anstieg zur Burg, der zuerst ziemlich nahe entlang einer Autostraße führt, die bei einem Parkplatz vor dem ersten, dem Fähnrichstor, endet. Hier ist der Eintrittspreis für die Besichtigung zu entrichten. Ein Erlebnis für sich sind beim Aufstieg die 13 Tore, bis wir die Burg selbst erreichen. Sie bildeten ein Befestigungssystem, welches ob der Tatsache, daß diese Burg nie belagert und daher auch nie erobert wurde, repräsentativen Wert hat. Nach Erreichen des Burghofes sollte man sich auch unbedingt Zeit für einen Rundgang durch das Burgmuseum und die Waffenkammer (mit Führung) nehmen, bevor man den Rückweg über den Aufstiegsweg Richtung Launsdorf antritt.

20 **Rundwanderung:** St. Georgen – Rund um den Längsee

Ausgangspunkt: Parkplatz St. Georgen bei der Abzweigung Draßendorf (Südufer)
Parken: am obigen Parkplatz
Höhenunterschied: ca. 50 m
Wanderzeit: 1½ Std.
Schwierigkeitsgrad: leicht!
Einkehr: Einkehrmöglichkeiten an der Strecke

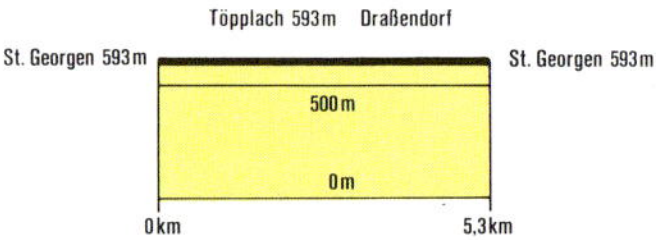

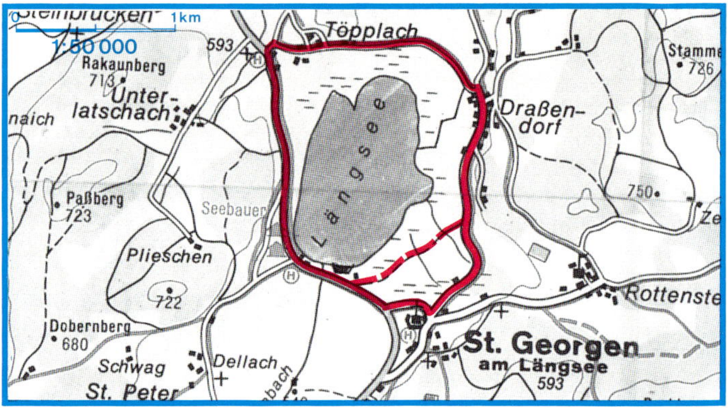

Tourenverlauf: Vom Ausgangspunkt aus benutzen wir zuerst den Gehweg entlang der Hauptstraße, welche am Westufer entlang Richtung Norden führt. Wir erreichen zuerst das öffentliche Strandbad und wandern dann der Straße entlang einen Hügel hinauf, bis wir, etwas vom Seeufer entfernt, die Abzweigung nach Töplach erreichen, der wir nach rechts folgen. Im Dorf halten wir uns bei einer Gabelung rechts. Nun führt der Weg abwärts in eine Senke, um gleich darauf wieder Richtung Draßendorf anzusteigen, einem Dorf im Nordosten des Sees gelegen. Sehr schätzen wird der Wanderer, daß der Längsee trotz seiner Größe von allzustarker Uferverbauung verschont und daher auch seine ursprüngliche Uferlandschaft erhalten geblieben ist. In Draßendorf biegen wir gleich bei einem Bildstock nach rechts ab und wandern nun wieder leicht abwärts Richtung Süden mit zum Teil sehr schönem Ausblick über den See. Vor einer Linkskurve biegen wir nach rechts in einen unscheinbaren Wiesenweg ein, der uns durch leicht sumpfiges Gelände zum Ausgangspunkt führt.

21 **Rundwanderung:** St. Veit/Glan – Kraiger See – Frauenstein – St. Veit/Glan

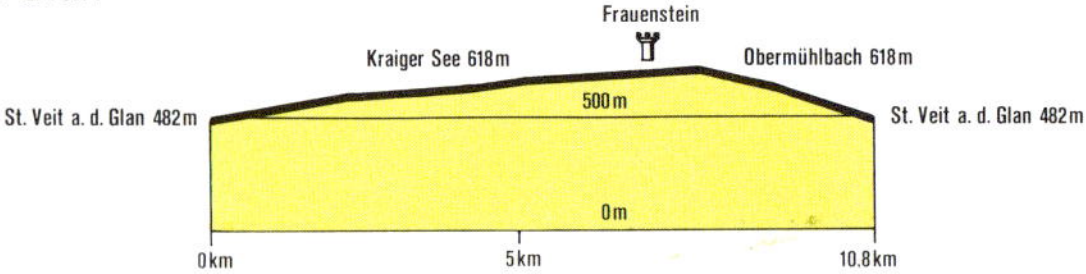

Ausgangspunkt: St. Veit
Parken: im Zentrum
Höhenunterschied: 165 m

Wanderzeit: 3½ Std.
Schwierigkeitsgrad: leicht!
Einkehr: mehrere Gasthöfe an der Strecke

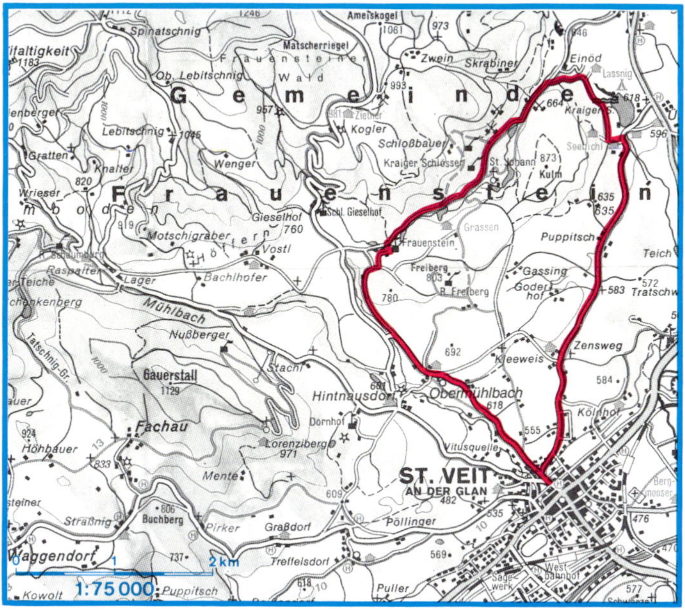

Tourenverlauf: Vom Zentrum der Herzogstadt St. Veit wandern wir zuerst nordwärts Richtung Krankenhaus bzw. Kraig, bis wir uns ab einer Gabelung nur mehr rechts Richtung Kraig halten. Über einen Hügel verläßt unsere Straße St. Veit, und immer leicht ansteigend erreichen wir ein kleines Hochplateau. Kurz darauf kommen wir zu einem Bildstock, wo wir bereits auf den kleinen Kraiger See hinabblicken können. Hier biegen wir links ab und halten uns an die bei einem Wirtschaftsgebäude angebrachte Beschilderung »Kraiger Schlösser«. Nun führt der Weg oberhalb des Kraiger Sees in den Wald. Der sehr schöne Weg macht nun unter ständigen kleinen Anstiegen einen leichten Bogen nach Südwesten. Bei einem Schranken können wir nun entweder dem Waldweg folgen oder der Straße, die hier rechts leicht abwärts führt; die beiden Wege münden später ineinander. Der linke Weg ist etwas kürzer, der rechte führt uns über einen römerzeitlichen Hauptverkehrsweg (ehem. Silberabbaugebiet) zu den Ruinen der Kraiger Burgen mit teilweise schönen Ausblicken bis zu den Karawanken sowie von den Ruinen über einen weiteren Waldweg zum mittelalterlichen Kraiger Viadukt, der ehemaligen Wasserleitung. Vorbei an Fischteichen kommen wir zu einem der schönsten und malerischsten Schlösser Kärntens, zum Schloß Frauenstein, das heute noch bewohnt wird; eine Besichtigung ist daher leider nicht möglich. Kurz danach biegen wir bei einer Wegkreuzung nach links Richtung Obermühlbach ab. Immer im leichten Gefälle erreichen wir über diesen Ort unseren Ausgangspunkt in St. Veit.

22 Wanderung: Liebenfels – Hörzendorfer See – St. Veit/Glan

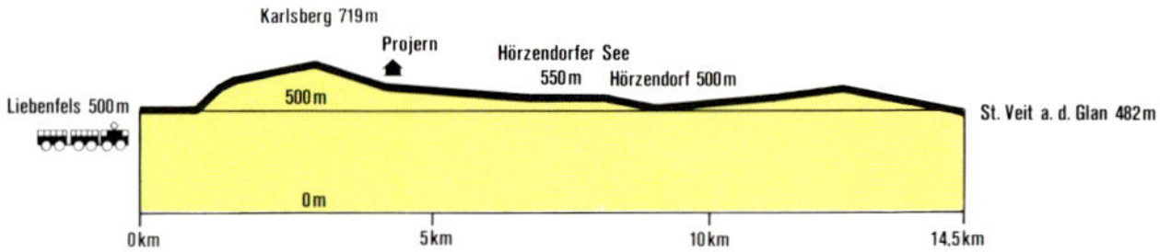

Ausgangspunkt: St. Veit/Glan
Parken: Nähe des Bahnhofes
Höhenunterschied: 243 m

Wanderzeit: 4 Std.
Schwierigkeitsgrad: leicht!
Einkehr: Gasthöfe an der Strecke

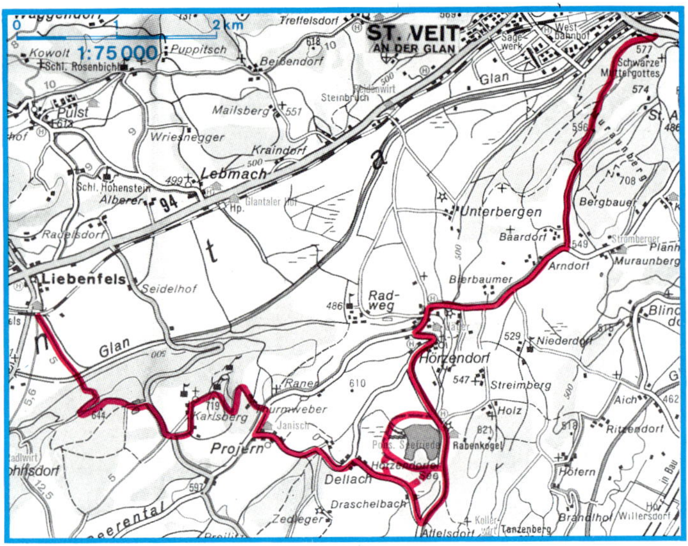

Tourenverlauf: Mit der Bahn von St. Veit/Glan bis Liebenfels. Vom dortigen Bahnhof geht man nach Osten zum Bahnübergang und biegt 20 m weiter in einen Seitenweg links ein. Man überquert bald die Glan und wandert dann durch ein steileres Waldstück Richtung Karlsberg. An einer Wegkreuzung, wo fünf Wege einmünden, geht man gerade weiter und nach einiger Zeit passiert man die am Gipfel befindlichen Burgruinen, worauf der Weg talwärts führt. Bei Erreichen der Asphaltstraße biegt man rechts nach Projern und dort gleich wieder links nach Dellach ab. In Dellach richtet man sich nach dem Wegweiser »Tanzenberg« und erblickt nach kurzer Zeit linker Hand den idyllisch gelegenen Hörzendorfer See. Jetzt kann man entweder einen der zahlreichen abzweigenden Wanderwege direkt zum See oder den Weg am Waldrand bis zum See benutzen. Als nächstes erreicht man den Ort Hörzendorf. Gegen Ortsende biegt der Weg rechts nach Muraunberg ab. Hier steigt die Straße wieder leicht bergwärts; auf einem Hochplateau angekommen, verläßt man die Straße in einer starken Rechtskurve, benutzt die Schotterstraße, die den Wanderer über den Muraunberg zurück nach St. Veit/Glan führt.

㉓ **Rundwanderung:** St. Urban – Urbaner See – Zwattendorf – St. Urban

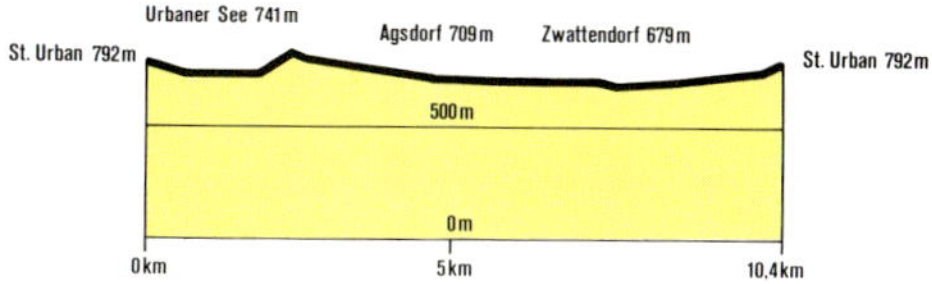

Ausgangspunkt: St. Urban
Parken: Parkplatz beim St.-Urbaner-Hof
Höhenunterschied: 70 m

Wanderzeit: 3 Std.
Schwierigkeitsgrad: leicht!
Einkehr: mehrere Gasthöfe an der Strecke

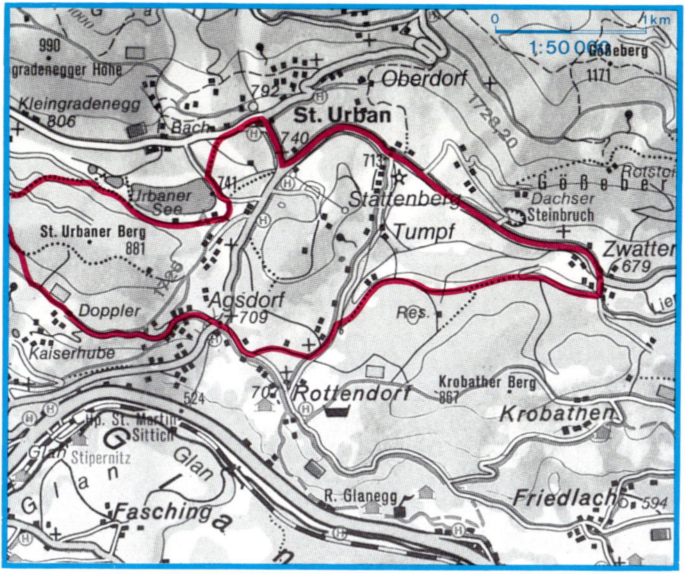

Tourenverlauf: Vom Parkplatz wandern wir aufwärts Richtung Kirche und biegen über die Brücke nach links ab. Wir halten uns während der ganzen Wanderung an die Markierung »A«. Der Weg führt zuerst ein Stück durch den Ort und dann von der Asphaltstraße links abzweigend abwärts über eine kleine Brücke zum See. Diesen umwandern wir an seiner Ost- und Südseite und kommen dann an kleineren Gewässern vorbei in den Wald. Wir folgen dem Weg, der um den St. Urbaner Berg herumführt. An der Südseite des Berges erreichen wir ein Gehöft, von dem aus eine Schotterstraße nach Agsdorf führt. Ab dem Gasthof Schinegger führt eine Asphaltstraße Richtung Hauptstraße. Diese überqueren wir und wandern links am Haus an der Kreuzung vorbei. Wir halten uns bei der nächsten Gabelung ebenfalls links, biegen jedoch bei der nächsten rechts nach Zwattendorf ab. Hier führt nun der Weg kurz durch den Wald zum Ort. Vom Dorf benützen wir nun die Asphaltstraße nach Nordwesten zurück nach St. Urban.

24 **Rundwanderung:** Feldkirchen – Dietrichsteiner Teich – Feldkirchen

Ausgangspunkt: Feldkirchen
Parken: beim Bahnhof
Höhenunterschied: 120 m
Wanderzeit: 2 Std.
Schwierigkeitsgrad: leicht!
Einkehr: mehrere Gasthöfe an der Strecke

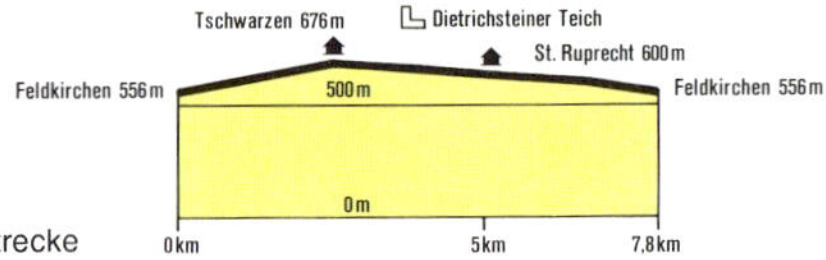

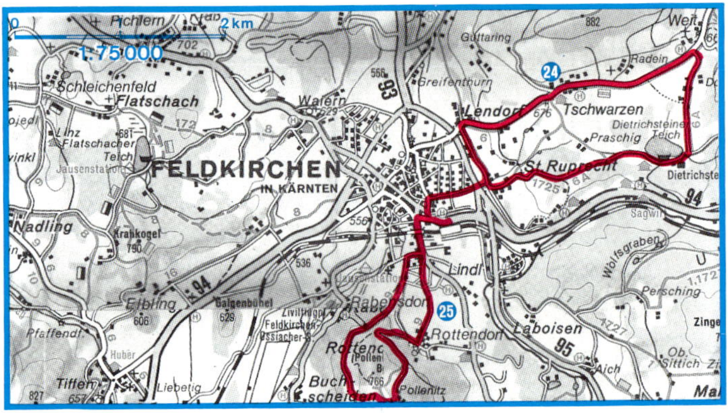

Tourenverlauf: Wir wandern vom Bahnhof nach links und biegen nach ca. 100 m rechts nach Tschwarzen ab. Nach weiteren 100 m wiederum rechts in die St.-Ruprechter-Straße, diese geradeaus über die Brücke und bei der folgenden Gabelung nach links bis zum Haus Lendorf Nr. 19, wo wir die Asphaltstraße rechts aufwärts nehmen. Wir erreichen nach 15 Min. Tschwarzen, von wo der Weg nun leicht fallend weiterführt. 1 km außerhalb des Ortes biegen wir rechts in die Schotterstraße nach Dietrichstein ein. Nach kurzer Zeit erreichen wir den Teich; bei der dortigen Weggabelung halten wir uns rechts und folgen der Schotterstraße, die zuerst an einigen Häusern vorbei, dann neben Äckern und später am Waldrand entlang führt. Bald darauf geht der ebene Weg in ein Gefälle über und wir erreichen St. Ruprecht ober Feldkirchen. Nach ein paar Kurven benützen wir wiederum die St.-Ruprechter-Straße zurück zu unserem Ausgangspunkt.

25 **Rundwanderung:** Feldkirchen – Pollenitz – Rottendorf – Feldkirchen

Ausgangspunkt: Feldkirchen
Parken: beim Bahnhof
Höhenunterschied: 210 m
Wanderzeit: 2 Std.
Schwierigkeitsgrad: leicht!
Einkehr: Gasthof Buttazoni, Gasthof Wadl
Karte: siehe oben

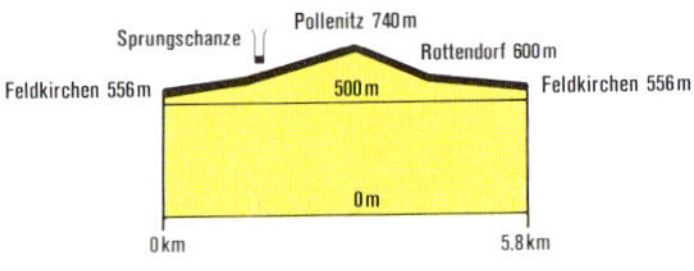

Tourenverlauf: Vom Bahnhof aus wandern wir nach links und biegen kurz darauf in die Klagenfurter Straße ab, gehen unter der Bahnunterführung durch und nach 100 m folgen wir rechts dem Wegweiser zur Pollenitz. Nach

Maltschacher See bei Feldkirchen

der kleinen Siedlung bleiben wir bei der Gabelung links und erreichen den Wald. Bei der ersten Abzweigung wandern wir rechts, leicht ansteigend, die Schotterstraße aufwärts. Nach kurzer Zeit gehen wir unter der Sprungschanzenanlage durch und erreichen nach ca. 15 Minuten die Jausenstation Buttazoni. Oberhalb des Hofes führt der Weg über Äcker zur Anhöhe Pollenitz, die uns Richtung Westen einen schönen Ausblick in das Tal des Ossiacher Sees bietet. Vom Plateau der Pollenitz nehmen wir nun die Straße abwärts nach Nordosten, die bald darauf in den Wald führt und sich über viele Kurven talwärts windet. Ziemlich weit unten, bei einer Linkskehre, verlassen wir die Straße nach rechts und bleiben auf dem WW 9, der deutlich markiert in einen schmalen Waldsteig übergeht, der wiederum leicht zur Wehrkirche von Rottendorf ansteigt. Links der Kirche führt der Weg abwärts nach Rottendorf und nach kurzer Zeit erreichen wir wieder die Klagenfurter Straße und unseren Ausgangspunkt.

26 **Wanderung:** Feldkirchen — Maltschacher See — Strußnigteich — Moosburg

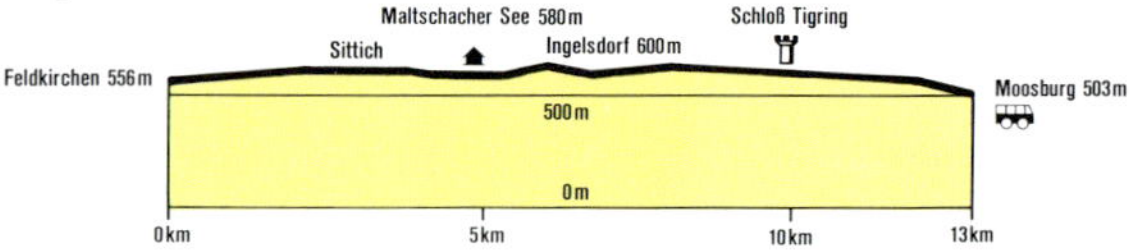

Ausgangspunkt: Feldkirchen
Parken: beim Bahnhof
Höhenunterschied: 128 m

Wanderzeit: 4 Std.
Schwierigkeitsgrad: leicht!
Einkehr: mehrere Gasthöfe an der Strecke

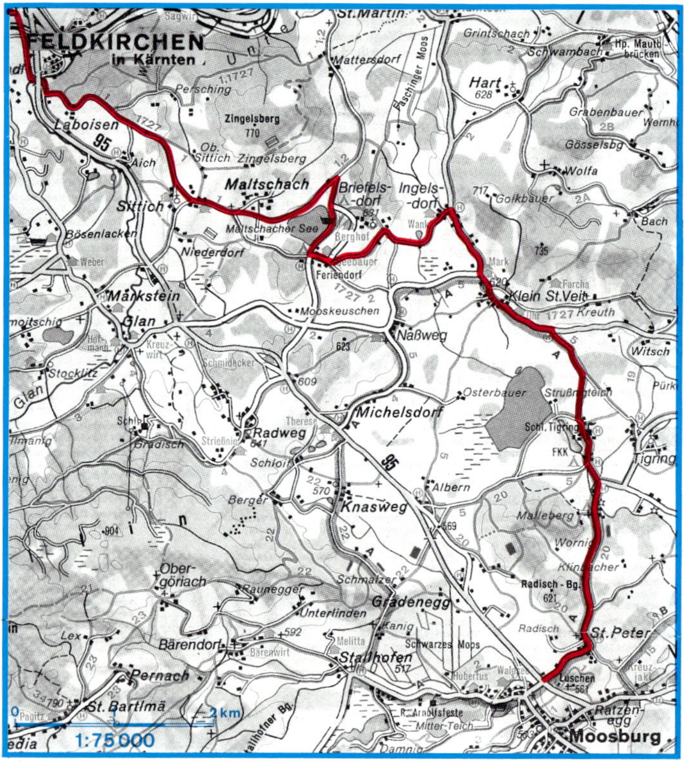

Tourenverlauf: Etwa 300 m nördlich des Feldkirchner Bahnhofes biegt die Straße rechts über die Bahnübersetzung nach Maltschach ab. Beim Café Alte Maut wandern wir links vorbei; in der Ortschaft Sittich halten wir uns ebenfalls links und in der Ortsmitte wandern wir geradeaus weiter, am Gasthof Rauter vorbei. Nun führt unsere Wanderung oberhalb des in einer Senke gelegenen Maltschacher Sees vorbei, bis wir bei der nächsten Abzweigung rechts abbiegen. Von hier weg halten wir uns an die Beschilderung

»ÖGB-Feriendorf«. Wir wandern danach links am Feriendorf vorbei und zweigen bei der folgenden Wegkreuzung wieder links ab, halten uns dann gerade und erreichen über einen Fahrweg die ersten Häuser von Briefelsdorf. Bei der Kreuzung nach rechts, bei der darauffolgenden Gabelung nach links und durch eine Senke vorbei an einem Teich hinauf zur Ortschaft Ingelsdorf, wo wir wieder eine breitere Asphaltstraße erreichen. Nun wandern wir auf dieser weiter nach Klein St. Veit. Wir durchqueren den Ort und erblicken kurz darauf den von Schilf und Moor umgebenen Strußnigteich. Wir halten uns nun an den Wegweiser Richtung Tigring, erreichen gleich darauf wieder eine Asphaltstraße, auf der wir nach 45 Min. Moosburg erreichen. (Busverbindung nach Feldkirchen.)

27 **Rundwanderung:** Tiffen – Flatschacher See

Ausgangspunkt: Tiffen
Parken: im Ort
Höhenunterschied: 191 m
Wanderzeit: 3 Std.
Schwierigkeitsgrad: leicht!
Einkehr: Jausenstation Flatschacher See

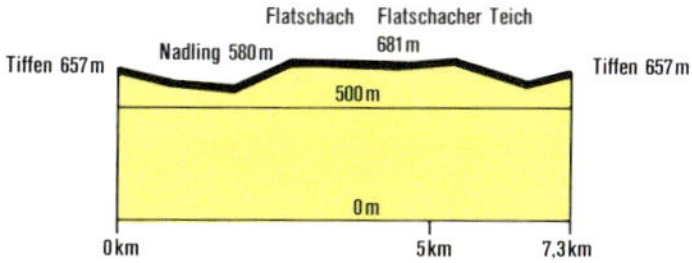

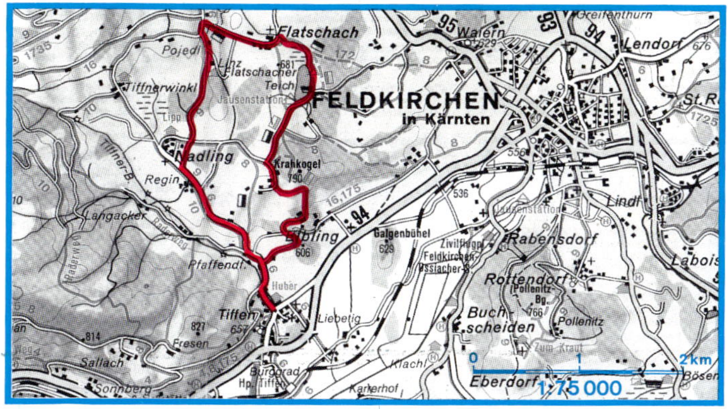

Tourenverlauf: Nicht zu verfehlen ist für den von Feldkirchen kommenden Autofahrer der Ausgangspunkt dieser Wanderung: die steil auf einem Felsen über dem Ort gelegene ehemalige Wehrkirche von Tiffen. Vom Dorfzentrum aus führt der Wanderweg »9« Richtung Norden. Zweimal zweigt dieser Weg scharf nach rechts ab: Das erste Mal etwa 10 Min. nach Verlassen des Ortes Tiffen, später bei Haus Nadling Nr. 11. Von hier aus verfolgt man den Weg immer geradeaus und läßt sich auch vom Wegweiser, der rechts zum Flatschacher See zeigt, nicht beirren, denn das Waldstück, durch das der Weg geradeaus führt, wird der Wanderer an recht heißen Tagen sehr schätzen. Bei einer Milchsammelstelle, kurz nach dem Waldstück, biegt man in die Asphaltstraße rechts Richtung Flatschach ab und verläßt diese nach ca. 1 km wieder, wo diese einen scharfen Linksknick macht. Von hier aus läßt der moorige Waldboden beiderseits des Weges bereits die Nähe des Sees ahnen, den man auch durch ein kurzes Waldstück erreicht. Die Rückwanderung ist über den parallel zum Hinweg führenden Wanderweg Nr. »8« oder für Konditionsstarke über den 790 m hohen Krahkogel möglich.

28 **Bergwanderung:** Steindorf – Manessen – Golk

Ausgangspunkt: Steindorf
Parken: im Ort
Höhenunterschied: ca. 510 m
Wanderzeit: 3½ Std.
Schwierigkeitsgrad: leicht!
Einkehr: Karawankenblick, Gasthöfe in Steindorf
Karte: siehe Seite 65

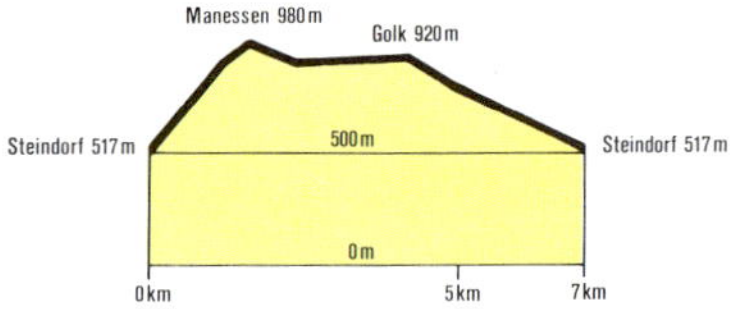

Tourenverlauf: Von Steindorf folgen wir zunächst dem gut beschilderten Weg nach Golk, verlassen diesen aber bald nach rechts bei der Abzweigung zum Jägersteig. Nun führt uns der Weg über eine Brücke in einen flachen Waldweg, wo wir nach ca. 10 Min. links in den Jägersteig einbiegen. Dieser Weg geht nun etwas steiler den Berg aufwärts; wir kreuzen nach einiger Zeit nahe bei Gehöften eine Forststraße, während wir zwischen den Bäumen mit Blicken zurück bereits erahnen können, welch herrliche Aussicht sich uns oben bieten wird. Nach etwa 45 Min. erreichen wir den »Karawankenblick«. Von hier aus wenden wir uns nun westwärts, wandern durch ein paar Waldstücke, überqueren auf einer Holzbrücke einen Graben mit dem Bach und erreichen kurz darauf wieder die Asphaltstraße nach Golk, der wir bergwärts bis zu einigen Gehöften folgen. Von hier aus benutzen wir den Weg Nr. »2« über die Wiesen abwärts, bis wir auf eine Straße stoßen, die uns ostwärts, den Hang querend, nach Steindorf führt. Bei einer der letzten Kehren vor dem Tal erreichen wir wieder die von Golk kommende Asphaltstraße, auf welcher wir nun talwärts zu unserem Ausgangspunkt wandern.

29 **Rundwanderung:** St. Urban – Tratten – Rautnigwiesen – St. Urban

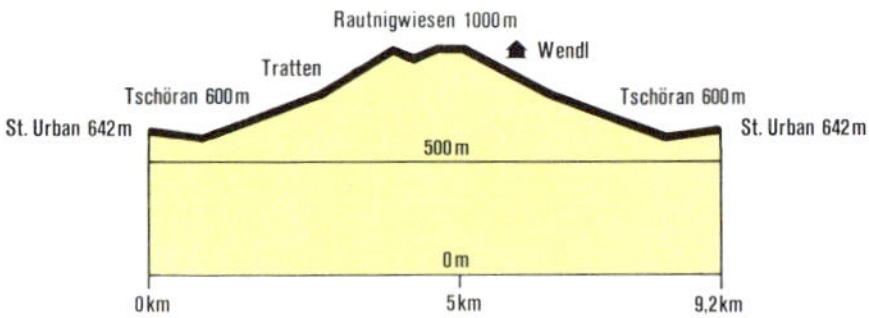

Ausgangspunkt: St. Urban/Ossiacher See
Parken: beim Urbaniwirt
Höhenunterschied: 480 m
Wanderzeit: 4½ Std.
Schwierigkeitsgrad: leicht!
Einkehr: zahlreiche Möglichkeiten in Bodensdorf, Urbaniwirt

Tourenverlauf: Hinter dem Urbaniwirt wandern wir auf der Straße nach Tschöran, nach der Bachüberquerung ein Stück die Gerlitzenstraße aufwärts, kurz darauf biegen wir in den Weg nach Tratten ab. Bevor wir hier neuerlich den Bach überqueren, verlassen wir die Asphaltstraße und gehen links die Schotterstraße aufwärts, die bald in eine etwas steilere Forststraße

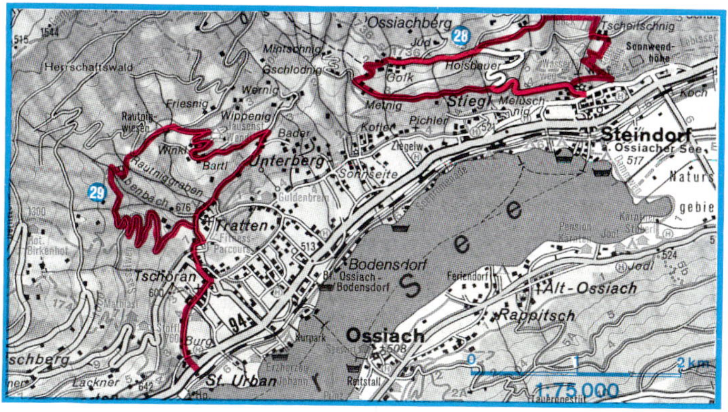

übergeht. Nach einer Kurve stößt zu unserem Weg der mit »3« gekennzeichnete Wanderweg, dem wir nun in östlicher Richtung folgen. Nach einem weiteren Anstieg überquert unser Weg den Rabenbach, später noch kleinere Bächlein, bis wir die Einmündung der Rautnigforststraße passieren. Wenige Minuten nach dem Schranken erreichen wir die Schotterstraße (mit »1« gekennzeichnet), der wir nun in vielen Kurven, die uns einen herrlichen Ausblick auf Bodensdorf und den Ossiacher See gewähren, talwärts folgen. In Tratten haben wir nun je nach Jahreszeit die Wahl, uns mit einem Bad im Ossiacher See abzukühlen oder uns in einem der Gasthöfe zu erfrischen.

Sattendorf am Ossiacher See

30 **Rundwanderung:** Sattendorf — Wasserfälle — Ossiachberg — Annenheim — Sattendorf

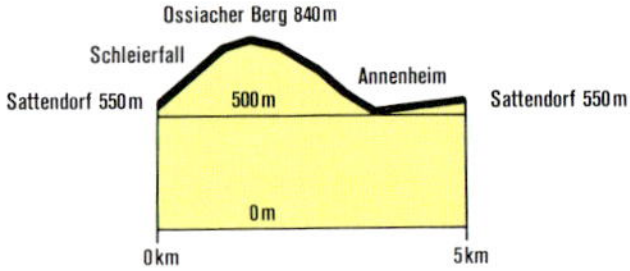

Ausgangspunkt: Sattendorf
Parken: im Ort
Höhenunterschied: 521 m
Wanderzeit: 2½ Std.
Schwierigkeitsgrad: leicht!
Einkehr: mehrere Gasthöfe an der Strecke
Karte: siehe Seite 67

Tourenverlauf: In der Ortsmitte von Sattendorf biegen wir vor der Brücke links ab und wandern den Weg aufwärts. Vorbei am letzten Haus erreichen wir nach 5 Min. bereits den ersten Wasserfall. Von diesem führt der Weg nun in steilen Serpentinen, jedoch gut gesichert, bergwärts (mit Kindern sei jedoch trotzdem besondere Vorsicht geboten!). Nach weiteren 15 Min. erreichen wir den 2. Wasserfall, der im freien Fall die Finsterbachschlucht herunterstürzt. Zeitweise genießen wir nun beim weiteren Aufstieg Ausblikke auf den See; wir folgen dem beschilderten Weg und erreichen nach einiger Zeit über einen Seitenweg den 3. Wasserfall. Nach Annenheim steigen wir nun etwas abwärts und über den Weg »6« erreichen wir eine Schotterstraße, die uns zu ein paar Gehöften führt. Von hier folgen wir nun dem Fahrweg. Zeitweise ist eine schöne Aussicht in die Ossiacher Westbucht und in das Villacher Becken möglich. In Annenheim angelangt, überqueren wir die Bundesstraße und wandern an der Seeuferstraße (unterhalb der Bahnlinie) entlang zurück zum Ausgangspunkt.

31 **Bergwanderung:** Kanzelhöhe — Steinwenderhütte — Gerlitzen — Kanzelhöhe

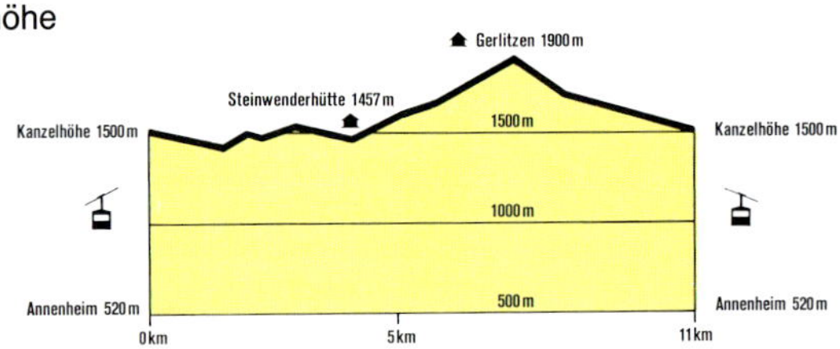

Ausgangspunkt: Annenheim
Parken: Parkplatz Kanzelbahn
Höhenunterschied: 1.385 m
Wanderzeit: 4½ Std.
Schwierigkeitsgrad: leicht!
Einkehr: mehrere Einkehrmöglichkeiten an der Strecke

Tourenverlauf: Mit der Kanzelbahn auf die Kanzelhöhe. Von dort auf der Asphaltstraße links und dann dem Wegweiser nach Richtung Steinwenderhütte. Für das erste Stück ist zweifellos der Waldweg (mit »Loipe« beschildert) gemütlicher als die ziemlich parallel dazu verlaufende Asphaltstraße. Weiter führt ein nicht asphaltierter Schotterweg ziemlich flach Richtung Steinwenderhütte. Von dort aus beginnt dann ein kürzerer, etwas steilerer Anstieg durch den Wald Richtung Gerlitzenhütte (nicht bewirtschaftet), markiert mit »177«. Diesem Weg folgt man bis zu der von Arriach kommenden Gerlitzenstraße. Nach 50 m verläßt man diese wieder und benutzt rechts den etwas steileren, direkten Seitenweg bis zum Gerlitzengipfel. Nach Genuß der vor allem bei klarem Wetter prächtigen Aussicht benutzt

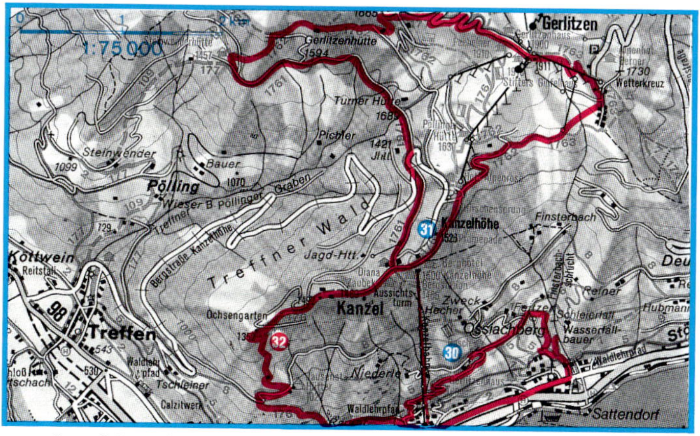

man den südostwärts führenden Weg talwärts und biegt kurz vor Erreichen einer Bungalow-Siedlung rechts ab. Man wandert an einem Holzhäuschen (Talstation eines Schleppliftes im Winter) vorbei; dieser Weg mündet kurze Zeit später in einen Waldweg, der sich dann zu einem Fahrweg verbreitert, welcher gut beschildert wieder zur Kanzelbahn zurückführt.

32 **Bergwanderung:** Annenheim – Hütter – Kanzelhöhe, 1.500 m

Ausgangspunkt: Annenheim
Parken: Parkplatz der Kanzelbahn
Höhenunterschied: 990 m
Wanderzeit: 3 Std.
Schwierigkeitsgrad: mittel!
Einkehr: mehrere Gasthöfe auf der Kanzelhöhe
Karte: siehe oben

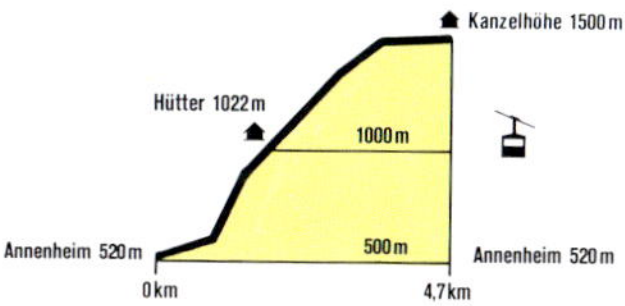

Tourenverlauf: Vom Parkplatz der Kanzelbahn aus wandern wir westwärts der Straße entlang bis kurz vor die Aral-Tankstelle. Dort benutzen wir die Straße, die rechts bergauf führt und biegen von dieser nach der ersten scharfen Rechtskurve wieder links ab. Hier folgen wir dem mit »5« beschilderten Weg, der zuerst über eine Brücke und dann steil nach rechts in den Wald aufsteigt. Für die nun folgende Etappe benötigen wir neben gutem Schuhwerk auch die entsprechend gute Kondition, da der Weg nun konstant steil den Berg hinaufführt. Zuerst geht es ein Stück dem Bach entlang, dann immer durch ein paar Serpentinen leicht westwärts, bei einigen Stellen ist auch gute Trittsicherheit erforderlich; diese Tour sollte auch nur bei relativ trockenem Wetter gemacht werden, da Laub und nasse Steine eine ständige Abrutschgefahr bilden. Erholsamer wird der Weg erst, wenn wir auf die Forststraße stoßen, die zur Jausenstation Hütter führt (1985 nicht bewirtschaftet). Wir verlassen beim Hütter den breiteren Weg nochmals und nehmen nun weiter die markierte steile Direktroute bis zum Kamm. Dort wandern wir sanft ansteigend bei herrlicher Aussicht auf den Ossiacher See zur Kanzelhöhe und treten per Seilbahn die Talfahrt an.

33 **Rundwanderung:** Rund um den Ossiacher See

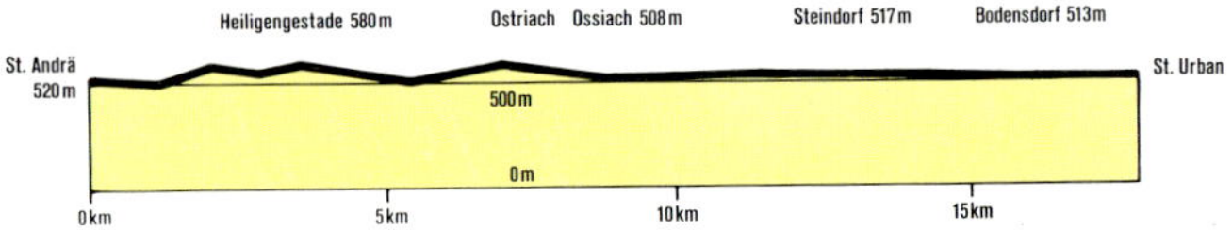

Ausgangspunkt: St. Andrä, Seebrücke
Parken: Parkplatz neben der Brücke
Höhenunterschied: ca. 60 m
Wanderzeit: 6 Std.
Schwierigkeitsgrad: leicht, für ausdauernde Wanderer!
Einkehr: viele Gasthöfe an der Strecke

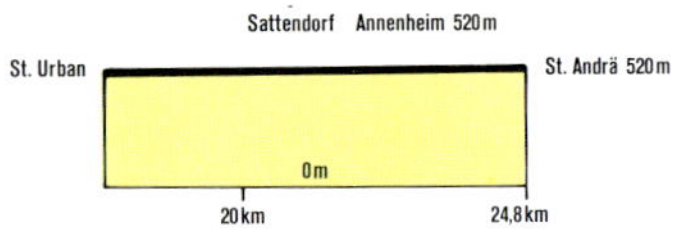

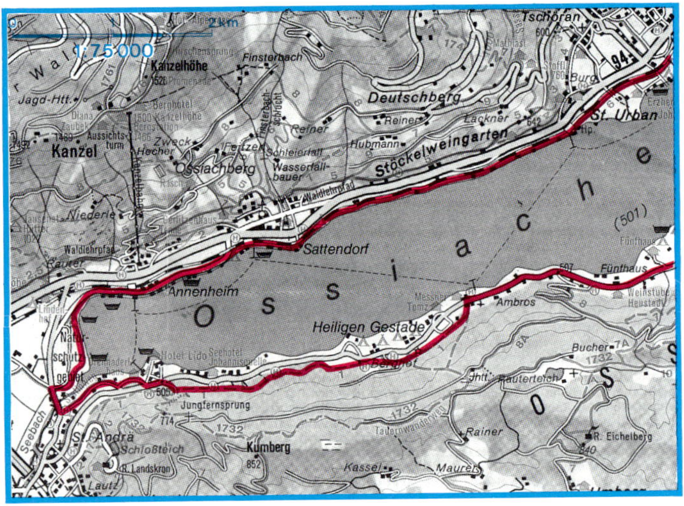

Tourenverlauf: Gleich parallel zum Seeabfluß bei St. Andrä verläuft der Slatinweg, auf dem wir unsere Wanderung um den Ossiacher See beginnen. Beim Strandbad Lido überqueren wir die Ossiacher-See-Süduferstraße und von hier ab folgt man dem mit »1« gekennzeichneten ruhigen Waldweg bis Heiligengestade; beim Gasthof Messner setzt man die Wanderung für ca. 1,5 km entlang der Bundesstraße fort. Kurz vor Ossiach, beim Campingplatz Kölbl, hat man die Möglichkeit, diese wieder zu verlassen und wiederum einen mit »1« markierten und oberhalb von Ossiach vorbeiführenden Weg zu benutzen. Wobei sicher ein Abstecher in den, allein vom kulturellen Standpunkt, sehenswerten Ort empfehlenswert ist. Am Ostufer überquert man dann wieder die Bundesstraße und der Weg führt nun durch das sicher schönste Stück dieser Wanderung, den Dammweg nach Steindorf. Hier benutzt man am besten die Verlängerung des Dammweges, überquert die Bahnstrecke, wandert bis zur Ortsmitte und biegt

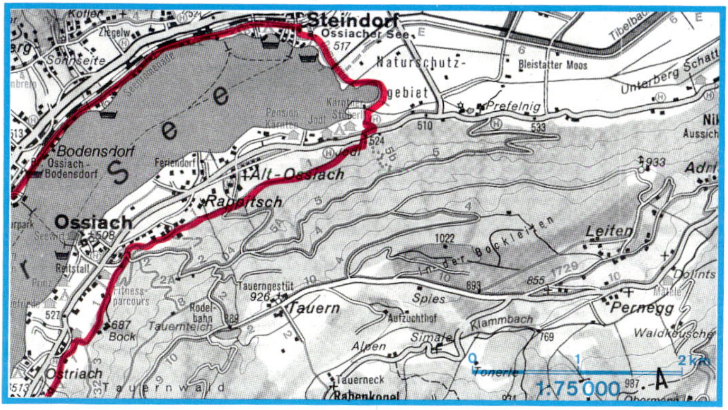

beim Gasthof Kreuzwirt nach links ab. Beim Hotel Hofmann überquert man neuerlich die Bundesstraße, bis man diese nach ca. 200 m wieder auf einer kurzen Treppe Richtung See verlassen kann. Nach der Bahnunterführung bietet sich der Helmut-Wobisch-Weg nach St. Andrä zurück an.

Burgruine Landskron gegen Ossiacher See

34 **Höhenwanderung:** Über den Ossiacher Tauern von Landskron nach Ossiach

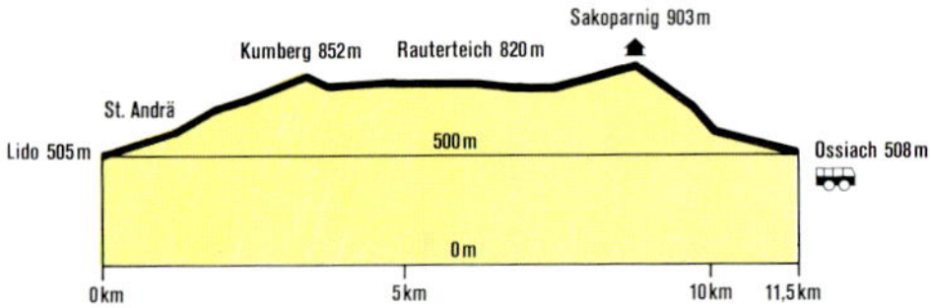

Ausgangspunkt: St. Andrä
Parken: beim Strandbad Lido
Höhenunterschied: 402 m
Wanderzeit: 6 Std.
Schwierigkeitsgrad: leicht!
Einkehr: mehrere Gasthöfe

Tourenverlauf: Wir überqueren beim Strandbad Lido die Ossiacher-See-Süduferstraße und benutzen den Weg, der durch den Wald aufwärts zur Burg Landskron führt. Bei einer Kehre erreichen wir die zur Burg führende Straße und wandern diese bergwärts. Nach den Schloßteichen biegt unser Weg links ab; ein kurzer Besuch auf der Burg, die heute ein Restaurant und eine Adlerwarte beherbergt, sei im Rahmen dieser Tour empfohlen. Wir folgen danach unserem Weg vorerst leicht ansteigend, dann etwas schmäler und steiler werdend, bis wir mit dem Jungfernsprung die erste Anhöhe er-

reichen (herrliche Aussicht auf den Ossiacher See). Nun wandern wir immer weiter ostwärts dem Kamm entlang. Nach einiger Zeit beginnt der Weg etwas flacher zu werden. Wir passieren ein paar kleine Senken und orientieren uns immer wieder an der sehr guten Beschilderung, da dieser Weg zahlreiche Abzweigungen durch Einmündungen von anderen Wanderwegen aus Süd- und Nordseite des Tauernzuges aufweist. Wir wandern dann am Rauterteich vorbei und erreichen die Ortschaft Oberwinklern. Nun führt der Weg nochmals links aufwärts zum Sakoparnig. Zuerst führt der Abstieg über eine Forststraße, danach auf einem Waldweg, an der Sommerrodelbahn vorbei bis zur Ortsmitte von Ossiach, wo wir die Möglichkeit haben, entweder per Bus oder Schiff die Rückfahrt nach St. Andrä anzutreten.

35 **Wanderung:** Wernberg – St. Michael – Gratschach – Lido

Ausgangspunkt: Villach
Parken: Hauptbahnhof
Höhenunterschied: ca. 70 m
Wanderzeit: 1½ Std.
Schwierigkeitsgrad: leicht!
Einkehr: mehrere Gasthöfe an der Strecke

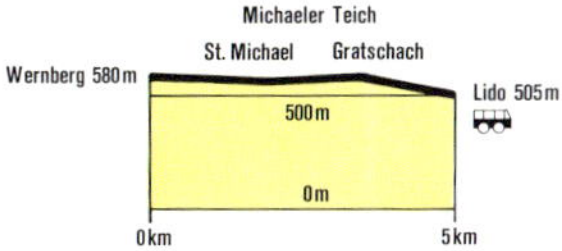

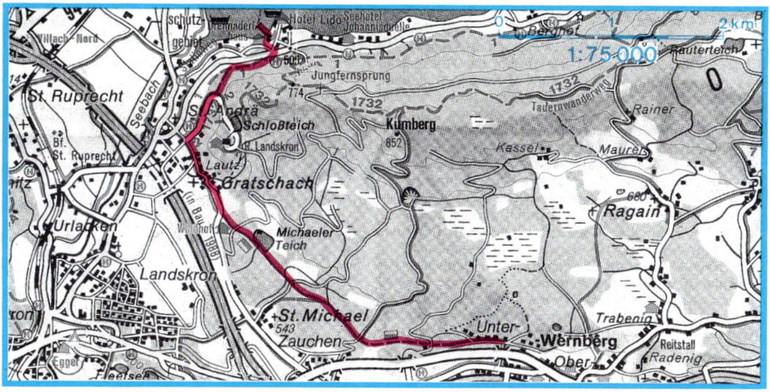

Tourenverlauf: Mit dem Bus fährt man vom Busbahnhof Villach bis zur Hst. Gasthof Fruhmann bei Wernberg. Von hier aus beginnt man die Wanderung auf der parallel oberhalb der Bundesstraße führenden Seitenstraße Richtung Zauchen – Villach, welche nach kurzer Zeit in einen rot-weiß markierten Waldweg einmündet. Auf diesem Waldweg passiert man nach kurzem das Dorf St. Michael; der Weg führt dann weiter am fast ausgetrockneten Michaeler Teich vorbei, bis der Weg beim Gasthof Waldhof in Gratschach in die asphaltierte Dorfstraße einmündet. In Gratschach wandert man entlang der Dorfstraße unter der einstmals sich imposant über dem Ort erhebenden Burg Landskron vorbei, bis man kurz vor der Einmündung in die Ossiacher-See-Süduferstraße rechts in den Auffahrtsweg zur Burg einbiegt. Wir wandern aber Richtung Ossiacher See bis zum Strandbad Lido, von wo aus die Rückfahrt mit dem Bus nach Villach angetreten werden kann.

36 **Wanderung:** Krottendorf – Sternberg – Oberwinklern – Rauterteich – Wernberg

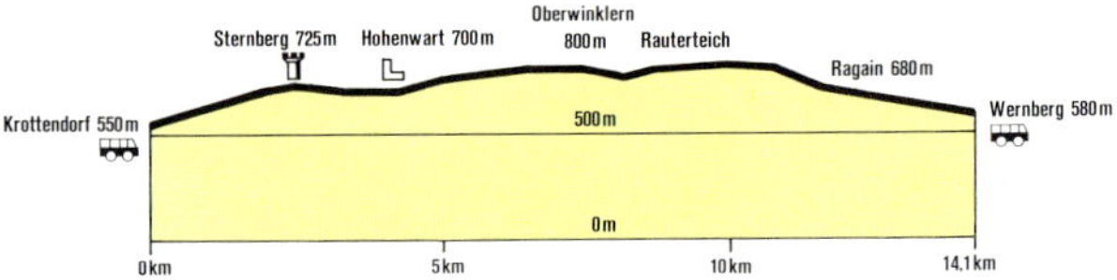

Ausgangspunkt: Villach
Parken: Nähe Busbahnhof
Höhenunterschied: 244 m

Wanderzeit: 4½ Std.
Schwierigkeitsgrad: leicht!
Einkehr: mehrere Gasthöfe an der Strecke

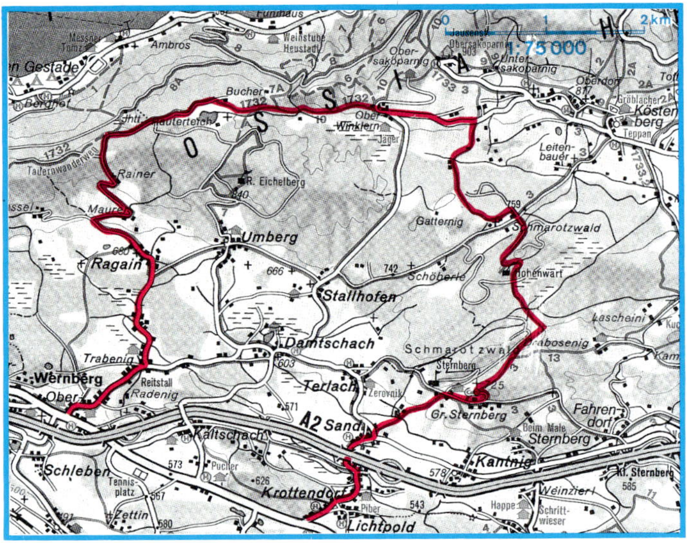

Tourenverlauf: Mit dem Bus von Villach bis zur Hst. Wernberg Gemeindeamt. Von dort aus benutzt man die Gemeindestraße, die vorerst durch die Dörfer Krottendorf und Sand führt. Im letzteren biegt man nach Passieren der Abzweigung nach Velden gleich nach einem bewaldeten Hügel rechts in einen Seitenweg ein und hat optisch das nächste Ziel, das Kirchlein von Sternberg vor sich, wo man nach kurzer Wanderung eintrifft. Von hier aus folgt man dem Wanderweg Nr. 3 nach Norden zur Ruine Hohenwart, überquert dann bei den im Wald gelegenen Häusern eine Straße und wandert weiter nordwärts, bis man die Asphaltstraße erreicht, die links bis Oberwinklern zieht. Von hier aus benutzt man kurzzeitig den mit »10« markierten Ossiacher Tauernwanderweg, vorbei am Rauterteich, bis man diesen Weg bei einer Gabelung im Wald Richtung Ragain verläßt. Der Weg Richtung Wernberg bietet noch herrliche Ausblicke in die Karawanken und Julischen Alpen, den Faaker See und das Villacher Becken. Vom Ort Wernberg aus besteht Rückfahrtsmöglichkeit mit dem Bus nach Villach.

37 **Wanderweg:** Über den Ossiacher Tauern von Ossiach nach Velden

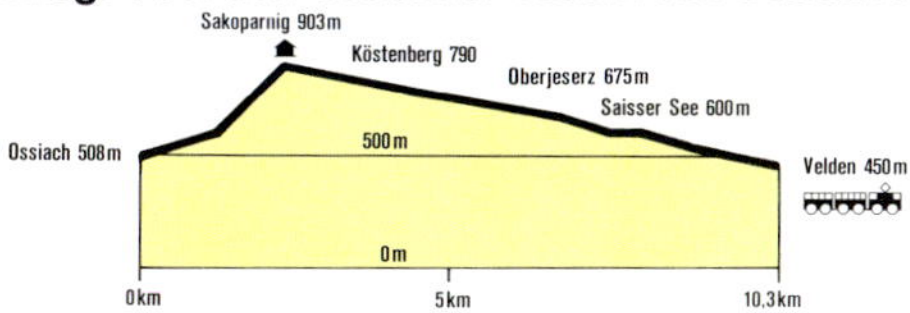

Ausgangspunkt: Ossiach
Parken: Talstation der Sommerrodelbahn
Höhenunterschied: 419 m

Wanderzeit: 4 Std.
Schwierigkeitsgrad: leicht!
Einkehr: mehrere Gasthöfe an der Strecke

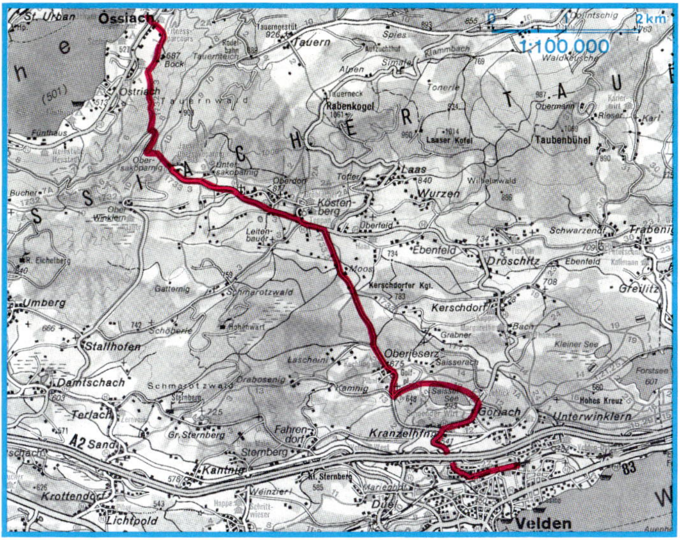

Tourenverlauf: Bei der Talstation der Sommerrodelbahn Ossiach beginnt nach 50 m rechts ein gutbeschilderter Weg, der uns in ca. 1½ Std. zur Jausenstation Sakoparnig bringt. Dort genießen wir den wunderbaren Ausblick auf den Westteil des Ossiacher Sees. Leicht abwärts führt dann die Straße nach Köstenberg. Etwa 200 m nach Ortsende biegen wir rechts in die Schotterstraße ein, die »Oberjeserz« beschildert ist. Diese führt vorerst konstant abwärts, dann etwas flacher in ein Waldstück hinein und geht dann wieder in eine abwärts führende Asphaltstraße über. Bei einer Kreuzung wandern wir dann geradeaus weiter, bis wir kurze Zeit später links in die Abzweigung zum Saisser See einbiegen. Dieser kleine See liegt still und ruhig im Landschaftsschutzgebiet auf dem Hochplateau über Velden. Wir erreichen bald die Straße von Köstenberg und vor uns liegt die Westbucht des Wörthersees mit Velden. Ein wunderschöner Ausblick auf die Karawanken! Die Tauernstraße verlassen wir nach kurzer Abwärtswanderung wieder links durch Kranzelhofen und schlagen den Weg Richtung Velden zum Bahnhof ein. Rückfahrt mit der Bahn, später mit dem Bus nach Ossiach.

38 **Rundwanderung:** Alt-Ossiach – St. Nikolai – Alt-Ossiach

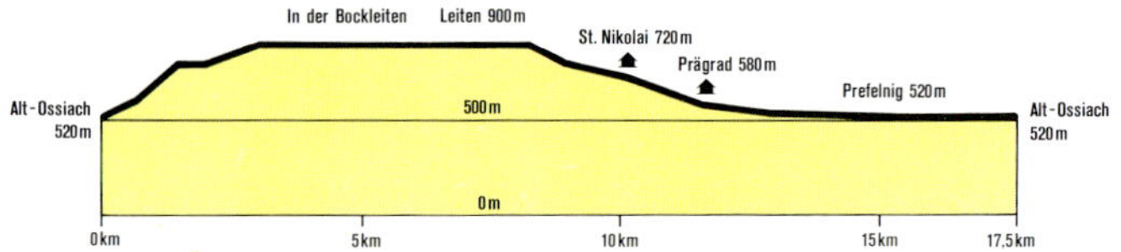

Ausgangspunkt: Alt-Ossiach
Parken: Nähe Gasthof Krainer
Höhenunterschied: 406 m

Wanderzeit: 3½ Std.
Schwierigkeitsgrad: leicht!
Einkehr: mehrere Gasthöfe an der Strecke

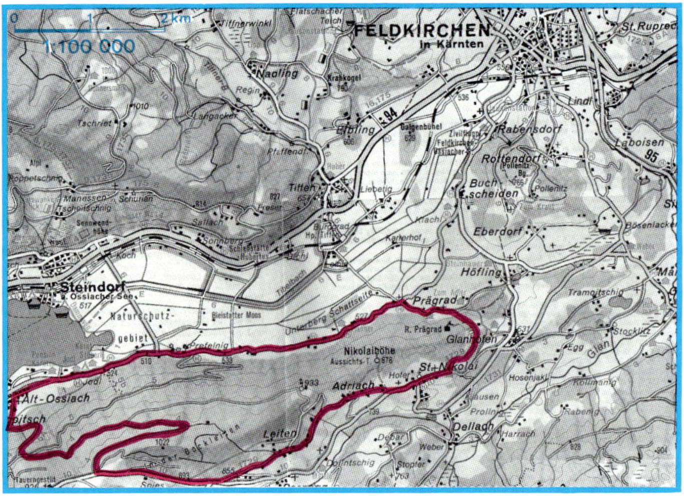

Tourenverlauf: Wir benutzen zum Aufstieg Richtung Ossiacher Tauern den gut beschilderten Weg, der gegenüber dem Gasthof Krainer beim Bildstock beginnt und vorerst längere Zeit bergwärts führt. Wir kreuzen einen Weg und folgen dem mit »4« gekennzeichneten Weg weiter bergwärts. Dieser führt uns durch den Tauernwald, bis wir die von Glanhofen kommende Straße erreichen. Beim Blick nach rechts können wir noch das Tauernkirchlein erblicken. Wir folgen der Straße nach links, verlassen sie jedoch wieder links bei einem Waldweg, kurz bevor sie steiler abwärts führt. Dieser Waldweg mündet dann (eben dahinführend) bei ein paar Gehöften in eine Asphaltstraße, die immer knapp unter dem Bergkamm leicht abwärts führt. Vor einer Rechtskurve, kurz vor einem Kreuz, übersteigen wir ein Gatter und nehmen einen Waldweg, später eine Wiese, als Abkürzung nach Adriach. Bei einem gelben Haus führt der Wanderweg nach St. Nikolai. Dort folgen wir dem Weg, der unterhalb der Kirche Richtung Wald führt. Bei einem Gasthof in Prägrad erreichen wir wieder die Asphaltstraße. Kurze Zeit später biegen wir bei einem Wegweiser links in die Straße ein, die uns westwärts wieder nach Alt-Ossiach führt.

Rosental - Karawanken

Rosental – Karawanken

Ortsbeschreibungen:

FEISTRITZ IM ROSENTAL

Gde., Bez. Klagenfurt-Land, Einw.: 2.500, Höhe: 545 m, Postltz.: A-9181. **Auskunft:** Gemeinde Feistritz, Tel. 04228/2035. **Bahnstation:** Feistritz. Busverbindung mit Klagenfurt und Rosenbach.

Der anmutige Gebirgsort am Nordfuß der Karawanken liegt oberhalb der Mündung des Feistritzbaches in die Drau, direkt am Stausee der Österr. Drau-Kraftwerke. Schon vor 1500 entstanden hier mehrere Schmieden und Hämmer. 1840 errichtete Graf Egger in Feistritz das erste österreichische Drahtwalzwerk. Heute werden in den Werksanlagen des ehemaligen Eisenwerkes Akkumulatoren hergestellt. 1813 war Feistritz Schauplatz heftiger Kämpfe zwischen den Franzosen und Österreichern.

Sehenswert

Südwestlich des Ortes liegt die kleine 1734 erbaute **Kreuzkirche,** westlich davon erinnert ein Eisenkreuz an die 1813 gefallenen Soldaten. Das heute als Wohngebäude dienende **Schloß Feistritz** wurde im 18. Jh. erbaut.

FERLACH

Stadtgde., Bez. Klagenfurt-Land, Einw.: 7.658, Höhe: 466 m, Postltz.: A-9170. **Auskunft:** Verkehrsamt Ferlach, Tel. 04227/260031. **Bahnstation:** Weizelsdorf (4 km). Busverbindung mit Klagenfurt (stündlich), Bodental, Loibltunnel, St. Margareten i. R., Zell.

Ferlach, der Mittelpunkt des Rosentales, ist die südlichste Stadt Österreichs (Stadterhebung 1930). 1246 erstmals als »Vörolach« urkundlich erwähnt, gewann der Ort am Fuße der Karawanken große wirtschaftliche Bedeutung, als Kaiser Ferdinand I. 1558 durch niederländische Waffenschmiede das Büchsenmacherhandwerk einführte. Auch heute besitzt die

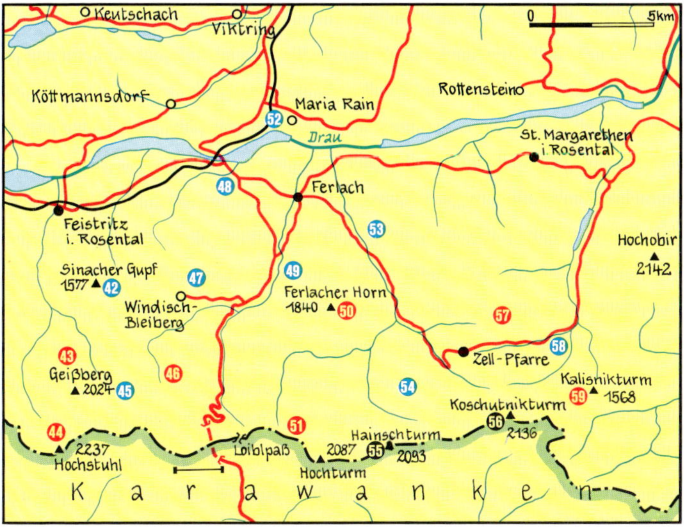

● Fremdenverkehrsverband, Verkehrsverein — Straße — Eisenbahn
Staatsgrenze (39) Lage der beschriebenen Wanderwege

Stadt ob ihrer Jagdwaffenindustrie Weltruf, eine Höhere Technische Bundeslehranstalt für Waffentechnik bildet die Nachwuchskräfte aus. Metallverarbeitende Industrie. Der bekannteste Sohn der Stadt ist der Heimatdichter Josef Friedrich Perkonig.

Sehenswert

Die im 16. Jh. erbaute barocke **Pfarrkirche zu Ehren des hl. Martin** birgt vier schöne Barockaltäre (1969/70 Umbau). – **Tscheppaschlucht, Tschaukowasserfall** mit Wanderweg ins Bodental, Märchenwiese und Gasthof **»Deutscher Peter«** (ältestes Gasthaus Österreichs aus dem 15. Jh. mit berühmter Schnapsfabrikation) auf dem Wege zum Loiblpaß. – **Büchsenmachermuseum** im Rathaus.

ROSEGG

Marktgde., Bez. Villach-Land, Einw.: 1.500, Höhe: 478 m, Postltz.: A-9232. **Auskunft:** Gemeindeamt Rosegg, Tel. 04274/2712. **Bahnstation:** Lind-Rosegg (3 km). Busverbindung mit Villach, Velden, Klagenfurt, Faaker See.

Die am Beginn des Rosentales reizvoll in einer Drauschlinge gelegene Marktgemeinde ist vor allem wegen der einmaligen urgeschichtlichen Funde in Frög bekannt geworden. Hier wurde die größte urgeschichtliche Totenstadt Kärntens mit wertvollsten Funden aus der Hallstattzeit ausgegraben. 1813 und während der Kärntner Abwehrkämpfe 1919 war die Draubrücke in Rosegg heiß umkämpft.

Sehenswert

Die auf steilem Felshügel über der Drau gelegene **Ruine Liechtenstein mit Bergfried** ist von einer 3 m hohen Steinmauer, hinter der Damhirsche und Rehe äsen, umgeben. – **Schloß Rosegg-Liechtenstein**, 18. Jh.

ST. JAKOB IM ROSENTAL

Gde., Bez. Villach-Land, Einw.: 4.400, Höhe: 529 m, Postltz.: A-9184. **Auskunft:** Verkehrsamt St. Jakob i. R., Tel. 04253/295. **Bahnstation:** Rosenbach (4 km) und Maria Elend (4 km). Busverbindung mit Villach, Klagenfurt, Velden, Faaker See.

Die Gemeinde St. Jakob umfaßt 21 Dörfer (Frießnitz, Gorintschach, Längdorf, Lessach, Mühlbach, Maria Elend, Rosenbach, St. Peter, Srajach, Tallach usw.); die größte Ortschaft ist St. Jakob selbst. Die Gemeinde liegt eingebettet zwischen der Drau und der Sattnitz im Norden und den Karawanken im Süden. Von Bedeutung ist Rosenbach (583 m), die Grenzstation am Beginn des 7.969 m langen Karawankentunnels an der österreichisch-jugoslawischen Grenze. Hier zweigt von der Haupteisenbahnlinie Villach—Jugoslawien eine Nebenlinie nach Klagenfurt ab (Autoverladung nach Jesenice/Jug.). Straßenverbindung nach Jugoslawien über den ca. 30 km entfernten Loiblpaß.

Sehenswert

Die **spätgotische Pfarr- und Wallfahrtskirche Maria Elend** wurde 1478 erstmals genannt. Im reichen spätbarocken Hochaltar thront eine als Gnadenbild verehrte spätgotische schöne Muttergottesstatue. Das kostbare Kleinod der Kirche ist der im südlichen Seitenchor stehende **spätgotische Flügelaltar** (um 1500) aus der Villacher Schule. — Die hoch auf einer Anhöhe gelegene **Gnadenkapelle** (784 m) ist ein spätbarocker Bau aus dem Jahre 1750. Verstreut liegende Felstrümmer stammen von einem gewaltigen vorgeschichtlichen Bergsturz. — Die hochgelegene gotische **Kirche in St. Jakob** birgt einen schönen barocken Seitenaltar. Der **Pfarrhof** weist eine reizvolle Barockfassade auf. — **Volksabstimmungs-Denkmal.**

ST. MARGARETEN IM ROSENTAL

Gde., Bez. Klagenfurt-Land, Einw.: 1.200, Höhe: 607 m, Postltz.: A-9173. **Auskunft:** Gemeindeamt St. Margareten im Rosental, Tel. 04226/218. **Bahnstation:** Weizelsdorf (14 km, westlich von Ferlach). Linienbusverkehr mit Klagenfurt und Ferlach.

St. Margareten liegt im östlichsten Rosental auf einer waldreichen Terrasse über der Drau, unmittelbar am Fuße der Karawanken, aus denen der Hochobir, 2.142 m, hervorragt.

Sehenswert

Die barocke **Kirche** hat eine Ausstattung aus dem 17. und 18. Jh. — Bemerkenswert ist ein **Gletscherschliff** am Gupf neben dem Bauernhaus Schauer. — **Eishöhle** und tundraartige Flora in Hintergupf. — Der **Freibach-Stausee** am Wege nach Zell. — Der **Wildensteiner Wasserfall.**

ZELL

Gde., Bez. Klagenfurt-Land, Einw.: 820, Höhe: 948 m, Postltz.: A-9170. **Auskunft:** Gemeindeamt Zell, Tel. 04227/320517. **Bahnstation:** Klagenfurt (30 km). Linienbusverkehr mit Klagenfurt und Ferlach.

Zell liegt ruhig und schön in einem nebelfreien Hochtal in den Karawanken unter den schroffen Wänden des 10 km langen Koschutamassivs, 2.136 m, und vom Hochobir, 2.142 m, Setice (Freiberg), 1.922 m, Jauernikgupf, 1.690 m, und Gerloutz (Ferlacher Horn), 1.840 m, umgeben. Alljährlich findet Anfang Mai das Koschutapokalrennen statt. Die Veranstaltung erfreut

Rosentaler Trachtenpaar bei Maria Rain

sich eines sehr guten Zuspruchs. Auf dieser Strecke, die von der Waidischer Landstraße ganz eingesehen werden kann (Autobushaltestelle), finden fast an jedem Wochenende Rennveranstaltungen statt. Ein schöner Brauch ist das Florianisingen vom 3. auf den 4. Mai. Am Abend vor dem Florianitag ziehen Burschen von Haus zu Haus und singen. Dafür werden sie mit Schmalz, Eiern und Rosinenweizenbrot beschenkt. Die Mädchen bereiten daraus vortrefflich schmeckende »Schnitten«, die in fröhlicher Gesellschaft bei Tanz und Gesang verzehrt werden.

Sehenswert

Die spätgotische **Pfarrkirche** birgt einen gotischen Taufstein, Rokokokanzel und Rokokoseitenaltäre. Neben der alten Kirche wurde 1965 eine moderne Kirche erbaut, die sich sehr harmonisch an die alte anfügt und in das Landschaftsbild paßt.

39 **Bergtour:** Rosenbach – Quadiaalm – Kahlkogel, 1.834 m

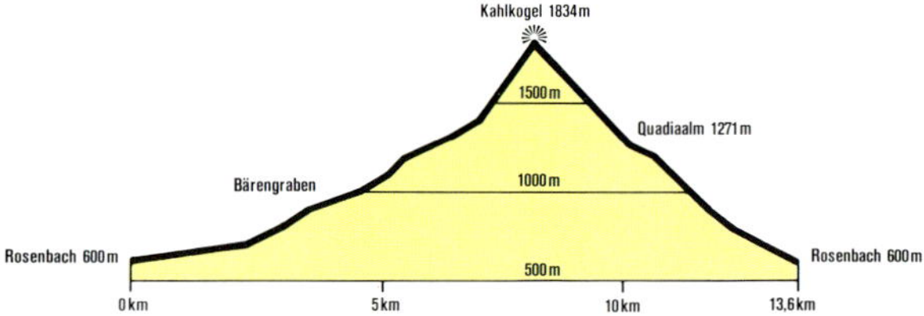

Ausgangspunkt: Rosenbach
Parken: Nähe Bahnhof
Höhenunterschied: 1.296 m

Wanderzeit: 8 Std.
Schwierigkeitsgrad: mittel!

Tourenverlauf: Vom Bahnhof Rosenbach aus wandern wir vorerst dem Gleis entlang nach Süden. Dann weiter am Bach bis zu einer Weggabelung. Hier halten wir uns links und benutzen die Forststraße durch den Bärengraben. Wir kommen nach ca. 1½ Std. zu einer Hütte. Wir folgen dem Weg weiter, der nun den Berg in vielen Windungen hinansteigt; nach einem kurzen Stück abwärts erreichen wir die Quadiaalm. Weiter führt uns der Weg südöstlich zu ein paar Hütten und rechts am bezeichneten Weg steil aufwärts zu einer weiteren Almwiese. Wir überqueren diese in südlicher Richtung und ein weiterer Waldweg bringt uns oberhalb der Waldgrenze zur Staatsgrenze und zum Gipfel. Nachdem wir die herrliche Aussicht genossen haben, treten wir den Rückweg bis zur Quadiaalm am Aufstiegsweg an. Von der Forststraße biegen wir in den mit »676« bezeichneten Weg Richtung Norden ein, der uns stets in leichtem Gefälle durch Waldwege, vorbei an der Quelle Kaltwasser wieder nach Rosenbach führt. Für Blumenfreunde ist diese Tour besonders von Ende Mai bis Ende Juni wegen der zahlreichen Narzissen zu empfehlen.

40 **Rundwanderung:** Maria Elend – Kapellenberg, 1.220 m – Greuth – Maria Elend

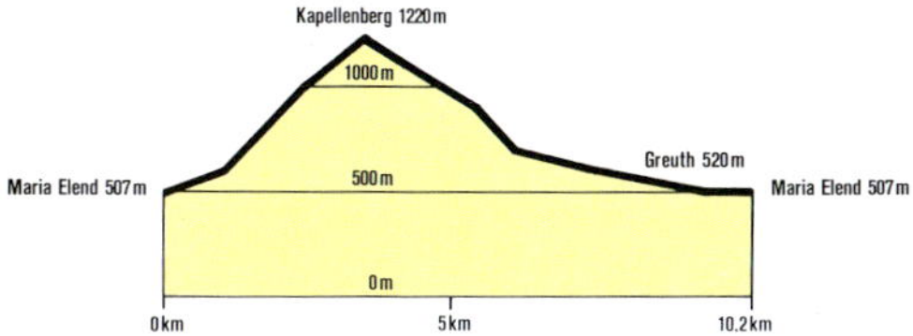

Ausgangspunkt: Maria Elend
Parken: Nähe der Kirche
Höhenunterschied: 713 m

Wanderzeit: 4½ Std.
Schwierigkeitsgrad: leicht!
Einkehr: Gasthöfe in Maria Elend
Karte: siehe Seite 80

Tourenverlauf: Als bester Orientierungspunkt dient zweifellos das weithin vom Ort aus sichtbare, im Hang des Kapellenberges gelegene Kirchlein von Maria Elend, wohin der mit »603« markierte Weg führt. Der Weg geht zuerst durch Wiesen, dann durch den Wald immer mäßig ansteigend Richtung Kirche. Nach Erreichen der Kirche führt der Weg auf schmäler werdendem Steig in Serpentinen auf den Kapellenberg. Bei klarem Wetter bietet sich schon während des Aufstieges eine wunderbare Aussicht nach Norden und auf das Rosental. Nach einem flacheren Waldstück zweigt links der Weg zum Gipfel ab. Für den Abstieg wandern wir das kurze Stück bis zur letztgenannten Wegkreuzung und hier aber jetzt südlich weiter. Wir überqueren die Westflanke des Berges und erreichen eine Abzweigung, die auf einer Waldwiese bei ein paar Hütten talwärts führt. Wir folgen nun diesem Steig und passieren die sogenannten Narzissenwiesen (im Juni herrliche Blütenpracht!) bis wir talwärts den Bach erreichen. Wir wandern nun weiter talauswärts und erreichen nach einiger Zeit die Straße, die von der Maria Elender Alm kommt. Auf dieser erreichen wir dann das Dorf Greuth, wandern durch einen kleinen Tunnel unter der Bahn durch und entlang der Rosental-Bundesstraße zu unserem Ausgangspunkt.

⓸① Bergtour: Feistritz i. R. – Bärentaler Kotschna, 1.944 m

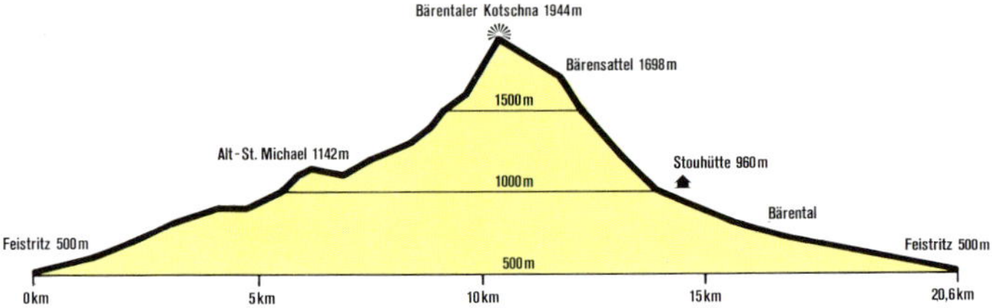

Ausgangspunkt: Feistritz im Rosental
Parken: Nähe Akkumulatorenfabrik
Höhenunterschied: 1.464 m

Wanderzeit: 9 Std.
Schwierigkeitsgrad: mittel!
Einkehr: Stouhütte

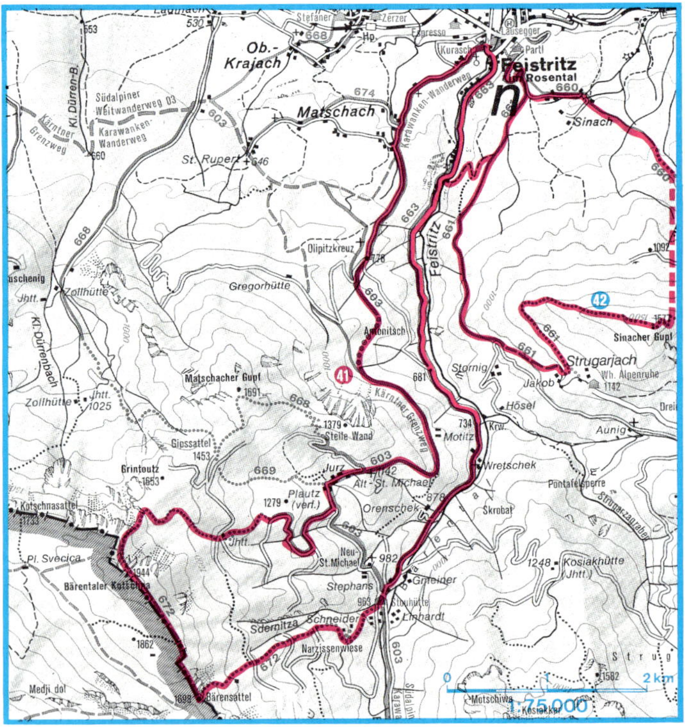

Tourenverlauf: Vom Ausgangspunkt wandern wir über die Brücke und dann beim Kaufhaus Kraiger vorbei nach Matschach. Hier bleiben wir auf der Straße und wandern südlich am letzten Haus vorbei auf dem Weg »603« Richtung Plautzbauer. Der Weg führt zuerst in den Wald und auf einer Forststraße leicht ansteigend zur Kapelle St. Michael. Beim Plautzbauern folgen wir zuerst kurz der Markierung zum Gipssattel; dann biegen wir nach links ab. Nach dem Wald, einer Wiese und einer Hütte führt uns der Weg steiler abermals in einen Wald; dort biegen wir an einer mit einer Tafel bezeichneten Stelle nach rechts, wandern durch einen Graben, bis wir die Plautzalm erreichen. Weiter führt uns der Weg durch Latschen in das Kar. Steil steigen wir das Kar aufwärts zum Kamm (Achtung Staatsgrenze!). Wir folgen dem Grat nun links ziemlich leicht auf den Gipfel. Südwestlich bietet sich uns ein herrlicher Blick auf das Triglavmassiv, den höchsten Gebirgszug Jugoslawiens. Diesen können auch die zeitweise aufsteigenden rötlichen Rauchwolken aus dem Stahlwerk Jesenice nicht sehr viel beeinträchtigen. Den Abstieg beginnen wir am Grat in südöstlicher Richtung bis zum 1.703 m hohen Bärensattel bzw. bis zum Grenzstein 252. Dann führt ein zuerst steilerer Weg durch Latschen, dann durch ein paar Kehren talwärts. Wir kommen an einer Jagdhütte vorbei und genießen einen wunderschönen Blick auf die Gipfel bzw. Kare des Bärentales. Dann weiter nach Überquerung einer Forststraße auf dem Weg »672« bis zur Stouhütte. Von hier benutzen wir die asphaltierte Bärentalstraße entlang des rauschenden Feistritzbaches zurück zu unserem Ausgangspunkt.

42 **Bergwanderung:** Feistritz i. R. – Sinacher Gupf, 1.577 m

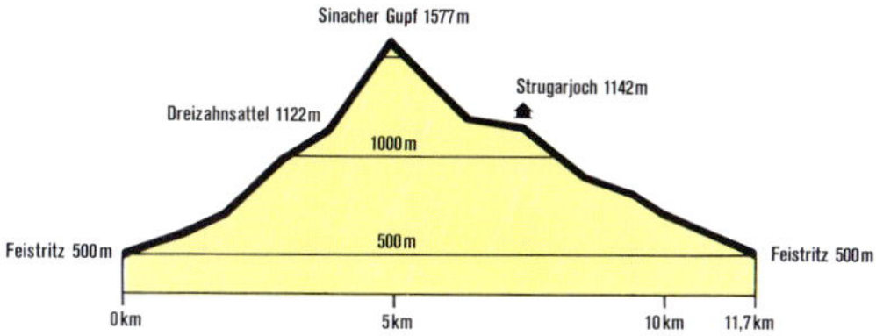

Ausgangspunkt: Feistritz im Rosental
Parken: Nähe der Akkumulatorenfabrik
Höhenunterschied: 1.097 m

Wanderzeit: 7 Std.
Schwierigkeitsgrad: leicht!
Einkehr: Gasthof Alpenruhe, Strugarjach
Karte: siehe Seite 82

Tourenverlauf: Am Werksgelände vorbei wandern wir ein kurzes Stück ins Bärental, bis wir links die beschilderte Abzweigung nach Strugarjach und dem Sinacher Gupf entdecken. Dann gleich wieder rechts ab bis zu einem Kreuz. Hier beginnt links der Weg »660«. Dieser Weg führt uns nun durch Wald und Wiesen nach Sinach. Kurz vor einem Hof biegt der Weg rechts ab. Der Aufstieg führt durch einen Wald bzw. durch einen Graben, bis wir links (beschildert) zum Oreinzasattel kommen. Vom Sattel führt der Weg nun in südlicher Richtung über Serpentinen auf einen Grat. Auf diesem kommen wir mühelos zum Gipfel mit seiner hervorragenden Aussicht auf das Rosental und die Karawanken. Für den Abstieg benutzen wir den ab dem Oreinzasattel mit »661« bezeichneten Weg, der uns über den Westkamm führt. Im Wald macht der Weg eine starke Linksbiegung und mündet beim Gasthof Alpenruhe. Gut beschildert folgen wir dann dem Weg nach Feistritz i. R. Kurz vorher stoßen wir auf die Einmündung unseres Aufstiegsweges und haben jetzt die Wahl, über eine Schotterstraße oder das letzte Stück am Aufstiegsweg zu unserem Ausgangspunkt zu gelangen.

43 **Bergwanderung:** Stouhütte – Geißberg (Kosiak), 2.024 m – Klagenfurter Hütte, 1.664 m

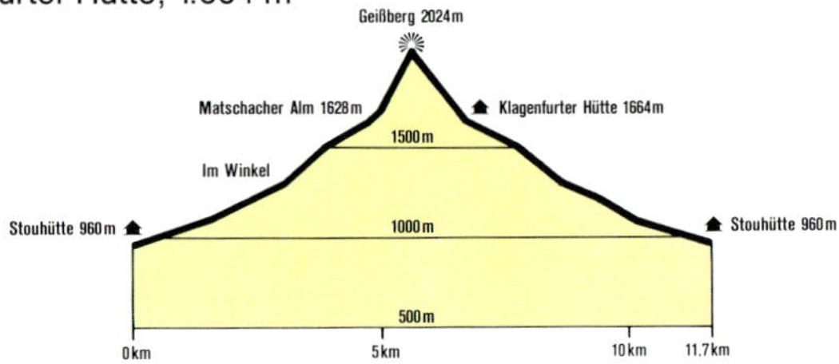

Ausgangspunkt: Stouhütte im Bärental
Parken: Umgebung der Hütte
Höhenunterschied: 1.064 m

Wanderzeit: 4 Std.
Schwierigkeitsgrad: mittel!
Einkehr: Klagenfurter Hütte, Stouhütte
Karte: siehe Seite 85

Tourenverlauf: Von der Stouhütte führt ein sanft ansteigender Schotterweg bis zur Johannsenruhe, einer kleinen ebenen Waldlichtung, wo rundum die Kalkfelsen der Karawanken schroff emporragen. Auf dem steilen, markierten Weg erreichen wir die Matschacher Alm, unweit der Klagenfurter Hütte. Hier wendet man sich links dem Geißberg zu, den man nun auf einigen nicht markierten Steigen in der Fallinie besteigen kann. Schon nach kurzer Zeit erreicht man den rot-weiß markierten Wanderweg »666«, dem man bis zum Gipfel folgt. Von hier aus genießt man einen herrlichen Rundblick ins Bodental, zu zahlreichen Karawankengipfeln und ihren nördlichen Ausläufern. Der Abstieg erfolgt nun in der Verlängerung des WW 666 über den Osthang. Nach ca. 30 Min. erreicht man den vom Bodental kommenden Weg zur Klagenfurter Hütte. Der Rückweg zur Stouhütte kann dann, wie beim Aufstieg, über die Matschacher Alm angetreten werden.

Bärental mit Hochstuhl

44 **Klettertour:** Stouhütte — Hochstuhl, 2.237 m — Klagenfurter Hütte

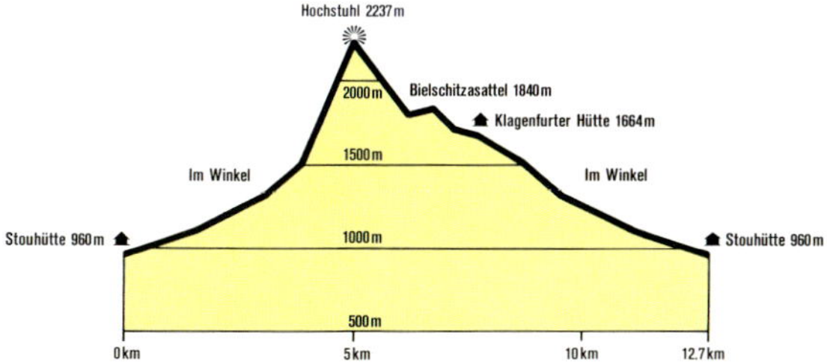

Ausgangspunkt: Stouhütte, Bärental
Parken: Umgebung der Hütte
Höhenunterschied: 1.277 m
Wanderzeit: 7 Std.

Schwierigkeitsgrad: schwierig, nur für Geübte!
Einkehr: Preschernhütte (YU), Klagenfurter Hütte

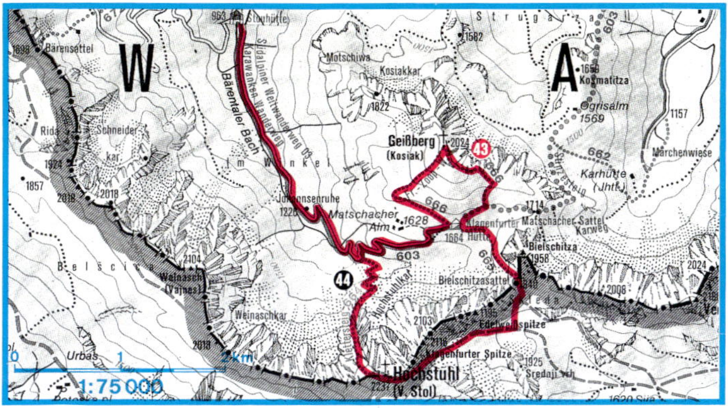

Tourenverlauf: Als grundsätzliche Voraussetzungen für diese Tour müssen gutes Schuhwerk (für kurze gesicherte Kletterstücke) sowie ein gültiger Reisepaß genannt werden, da jugoslawisches Staatsgebiet überschritten wird. Von der Stouhütte aus wandern wir bis zur grün-weiß-roten Markierung, die den Beginn des Klettersteiges kennzeichnet. Vorerst geht der Weg über das Hochstuhlkar zum Einstieg des Klettersteiges, der mit Seilsicherungen und Eisenstiften gesichert ist. Nach kurzem, steilem Anstieg führt der Klettersteig weiter durch eine Rinne; wichtig ist dabei, daß man sich an die Markierung hält, sonst ist für den ungeübten Kletterer Gefahr im Spiel. Nach ca. 1¼ Std. erreichen wir über den Grat den Gipfel. Etwas unterhalb befindet sich als Einkehrmöglichkeit die Preschernhütte. Der Abstieg zur Klagenfurter Hütte durch langgezogene Karrinnen erfordert nun einiges an Kondition; bald darauf geht es nochmals aufwärts über den Bielschitzasattel zur Klagenfurter Hütte; beim Sattel verlassen wir wieder jugoslawisches Gebiet. Nach einer ausgiebigen Rast bei der Klagenfurter Hütte führt uns nun ein geradezu erholsamer Weg wieder talwärts zu unserem Ausgangspunkt. Diese Tour wird in den Sommermonaten sehr viel begangen.

45 **Talwanderung:** Bodental – Märchenwiese

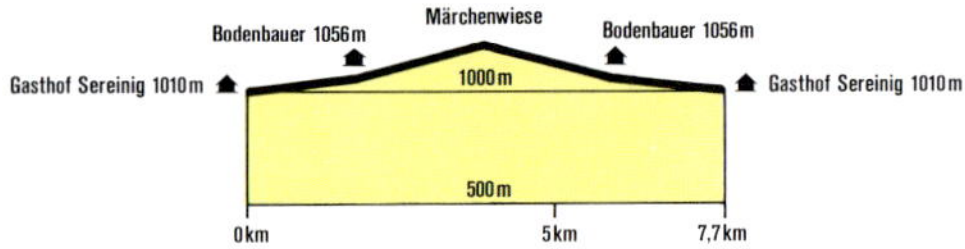

Ausgangspunkt: Gasthof Sereinig, Bodental
Parken: Parkplatz Gasthof Sereinig
Höhenunterschied: 147 m

Wanderzeit: 1½ Std.
Schwierigkeitsgrad: leicht!
Einkehr: GH Bodenbauer

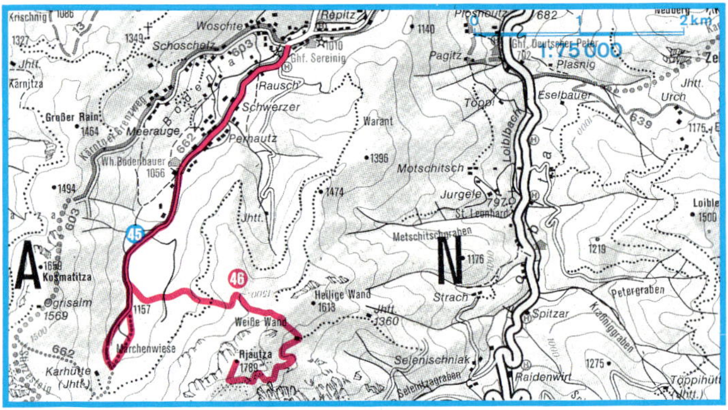

Tourenverlauf: Vom Ausgangspunkt folgt man der asphaltierten Straße ca. 400 m nach Südwesten bis zur Weggabelung, wo man sich links der zum Bodenbauer führenden Straße zuwendet. Von hier ab hat man die Wahl, ob man lieber auf der gepflegten Straße oder den meist parallel dazu verlaufenden Wald- u. Wiesenpfaden bis zum Bodenbauer wandern möchte. Ab Bodenbauer geht die Straße in einen teilweise schotterbedeckten Waldweg über, bis man zur Märchenwiese gelangt, einer wunderschön von Nadelwald eingerahmten Wiesenebene, wo der Blick auf das zum Greifen nah scheinende Vertatschamassiv einen herrlichen Konstrast bildet.

46 **Bergwanderung:** Bodental – Heilige Wand – Rjautza, 1.789 m

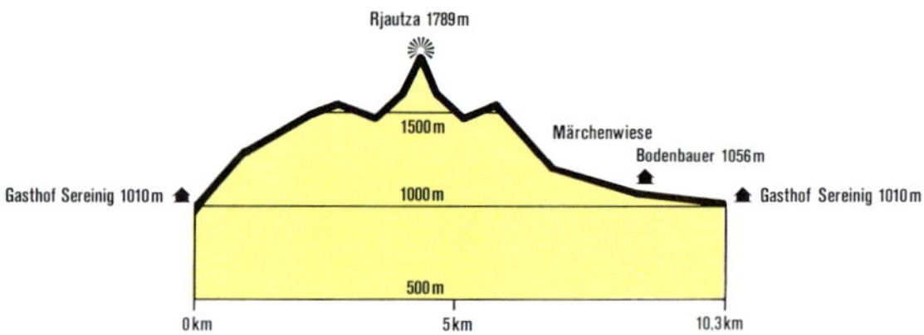

Ausgangspunkt: Bodental
Parken: Gasthof Sereinig
Höhenunterschied: 779 m
Wanderzeit: 6 Std.

Schwierigkeitsgrad: mittel!
Einkehr: Gasthof Bodenbauer
Karte: siehe oben

Märchenwiese im Bodental gegen Vertatscha

Tourenverlauf: Vom Gasthof Sereinig neben dem Schlepplift bergwärts in Serpentinen auf den Grat. Von hier aus nach Südosten, dem Grat entlang, bis man den Hauptkamm erreicht. Der Weg beginnt dann leicht anzusteigen und verläuft dann weiter, teilweise sehr schmal, im Auf und Ab Richtung Heilige Wand, die man an deren Fuß passiert. So gelangt man leicht aufwärts auf eine ebene Almwiese. Von hier aus hat man die imponierende Nordwand der Vertatscha, sowie auch unser Ziel, die von hier aus zylinderartig wirkende Rjautza, vor sich. Von dieser Wiese aus wandert man am besten über den Holzschlag südlich. Nach der kleinen Hütte wenden wir uns nach rechts in eine Mulde, bis wir einen kleinen Sattel erreichen. Von hier aus wandert man weiter auf einem kleinen Steig, der östlich um die Rjautza herumführt; von diesem Steig aus suchen wir uns einen Weg durch die Latschen auf dem Ostgrat bis zum Gipfel. Für den Abstieg benutzen wir sicherheitshalber den gleichen Weg bis zur Wiese ober der Heiligen Wand. Von hier aus führt dann ein etwas steiler Weg durch den Wald Richtung Westen zur Märchenwiese, dann weiter Richtung Bodenbauer und zum Ausgangspunkt. Für diese Tour sind jedoch Trittsicherheit, gute Kondition und guter Orientierungssinn zu empfehlen, da diese schöne Route keinerlei Markierungen aufweist.

47 **Bergwanderung:** Windisch-Bleiberg – Singerberg, 1.589 m – Strau

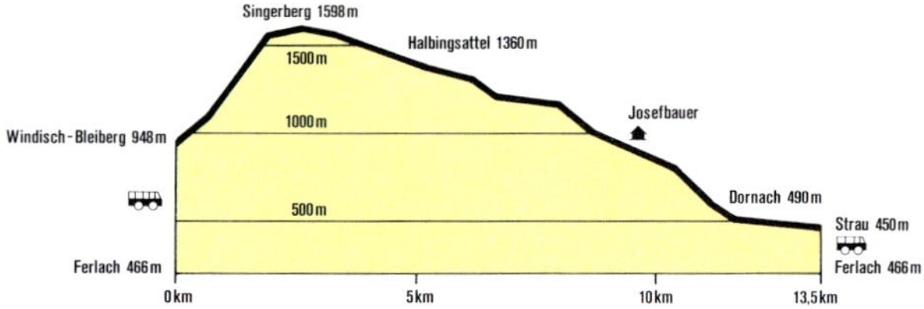

Ausgangspunkt: Ferlach
Parken: Nähe Busbahnhof
Höhenunterschied: 1.149 m

Wanderzeit: 7 Std.
Schwierigkeitsgrad: leicht!
Einkehr: Singerbauer, Gasthof Wolf, Dornach, Kirchenwirt, Wind. Bleiberg

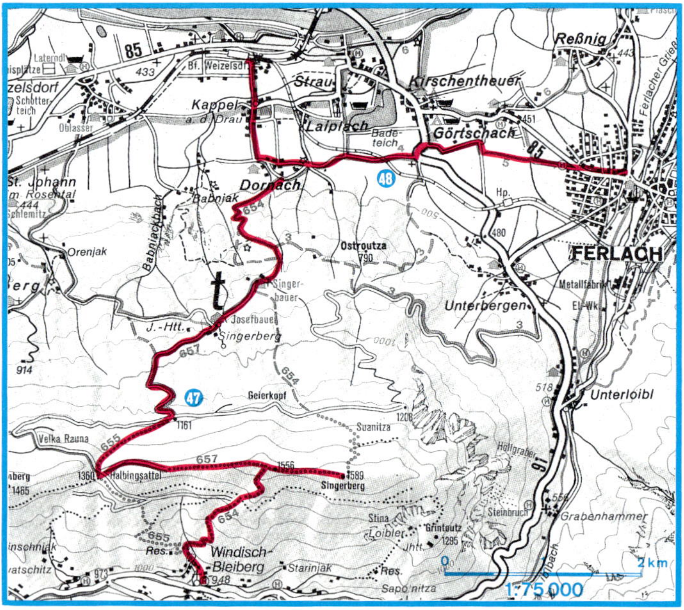

Tourenverlauf: Mit dem Postbus fahren wir bis Windisch-Bleiberg (Hst. bei der Kirche). Wir benutzen den Weg am GH Kirchenwirt vorbei bis zu den letzten Häusern, in einer Linkskurve bis zu einem Zaun am Waldrand. Dann gerade weiter, bis wir die Abzweigung zum Halbingsattel erreichen. Wir bleiben aber rechts, durchwandern ein Gerinne und kommen nach einer Linksbiegung an den Schutthalden des ehemaligen Bleibergwerkes vorbei. Weiter führt der Weg ziemlich steil in der Fallinie bergwärts und kommt durch einen Jungwald auf den Kamm. Dort stoßen wir nach kurzer Zeit auf den WW 657, dem wir rechts bis zum Gipfel folgen. Um weiter die sehr prächtige Aussicht zu genießen, benutzen wir den Kammweg zum Halbingsattel (markiert mit Nr. 657) für die erste Etappe des Abstieges. Am Halbingsattel verabschieden wir uns mit einem Blick nach Süden von den Karawanken. Der Weg bis zum Singerbauern ist eine bequeme Forststraße, die vorbei am Josefsbauer und an Wiesen dorthin führt. Hinter dem Haus beginnt der steile Hohlweg nach Dornach; bei Einmünden in die Asphaltstraße halten wir uns gleich rechts, nach einer Brücke links, dann über die Bahn nach Laiplach, bis wir anschließend Strau erreichen. Von hier mit dem ÖBB-Bus zurück nach Ferlach.

48 **Wanderung:** Ferlach — Dornach — Kappel/Drau

Ausgangspunkt: Ferlach
Parken: Ortsmitte
Höhenunterschied: ca. 50 m
Wanderzeit: 2 Std.
Schwierigkeitsgrad: leicht!
Einkehr: mehrere Gasthöfe an der Strecke
Karte: siehe Seite 88

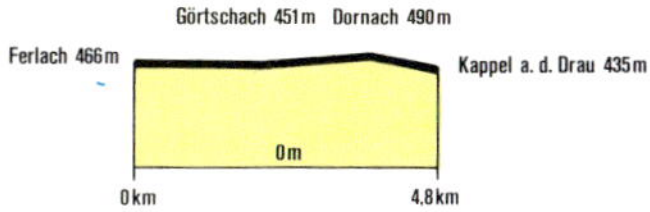

Tourenverlauf: Vom Hauptplatz Ferlach aus wandern wir in westlicher Richtung durch die Klagenfurter Straße, bis wir kurz vor der Postgarage nach links in den Wald einbiegen. Hier führt der Weg immer geradeaus, zuerst durch den Wald und dann in Görtschach an einigen Feldern vorbei zum Jugendheim, dann den Hügel hinunter zur Loiblpaßstraße. Hier dann nach links und nach der Werkstätte Zippusch gleich wieder nach rechts auf den Feldweg. Nun wandern wir am Fuß des Singerberges entlang, erreichen nach kurzer Zeit wieder einen Fahrweg, der nun leicht nach Dornach ansteigt. Von hier nun wandern wir auf einer kurvenreichen Asphaltstraße nach Westen; nach dem Bach führt die Straße nach Kappel an der Drau. Am Rückweg besteht Bademöglichkeit im Badeteich, ehe wir von Kirschentheuer die Rückfahrt nach Ferlach antreten können.

49 **Wanderung:** Unterloibl — Tscheppaschlucht — Bodental

Ausgangspunkt: Unterloibl
Parken: großer Parkplatz nach Unterloibl und Nähe Gasthof Tscheppaschlucht
Höhenunterschied: 492 m
Wanderzeit: 2½ Std.
Schwierigkeitsgrad: leicht!
Einkehr: Gasthof Sereinig, Bodental, Lausegger

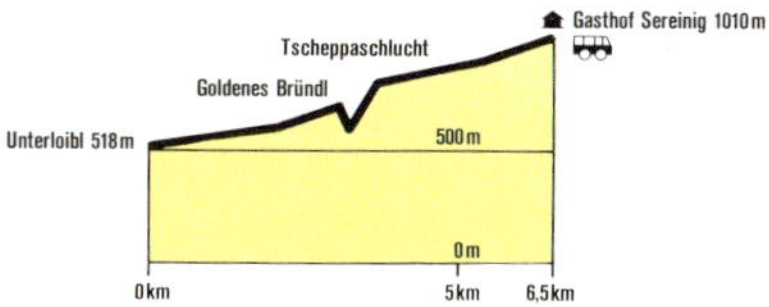

Tourenverlauf: Vom Parkplatz »Tscheppaschlucht« am beschilderten Steig hinab in den Graben unterhalb des Ferlacher Horns, vorbei an den letzten Häusern, bis wir beim Goldenen Bründl den eigentlichen Eingang zur Schlucht erreichen (Eintrittsgebühr). Nun beginnt der sehr gut gesicherte, ca. 1,2 km lange Weg durch die Schlucht, den wir an einem heißen Tag besonders schätzen, da uns das Sprühen der herabstürzenden Was-

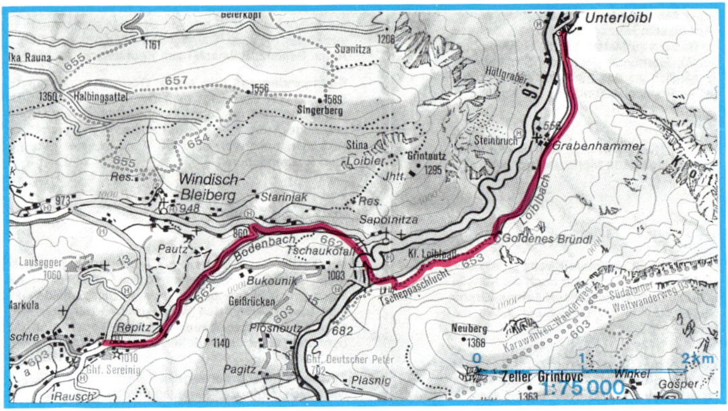

sermassen entsprechende Kühlung verschafft. Nach ca. 25 Min. Anstieg über Treppen, Leitern und Felssteige biegen wir rechts zum Tschaukofall ab (geradeaus führt der Weg weiter zum Deutschen Peter im Loibltal). Nach kurzer Zeit erreichen wir den eindrucksvollen 26 m hohen Tschaukofall. Durch das beim Tschaukofall gelegene Felsentor steigen wir nun bergan und erreichen die alte Straße nach Windisch-Bleiberg. Bei einer Säge vorbei wandern wir zuerst etwas bergan bis zum Gasthof Sereinig im Bodental. Von hier kann mit dem Postbus die Rückfahrt nach Unterloibl angetreten werden.

Weganlage in der Tscheppaschlucht

Der Durchgang durch die Tscheppaschlucht ist nur in den Monaten Mai bis September geöffnet. Trittsicherheit notwendig! Vorsicht mit Kleinkindern geboten!

50 **Bergtour:** Loibltal – Ferlacher Horn, 1.840 m – Waidisch

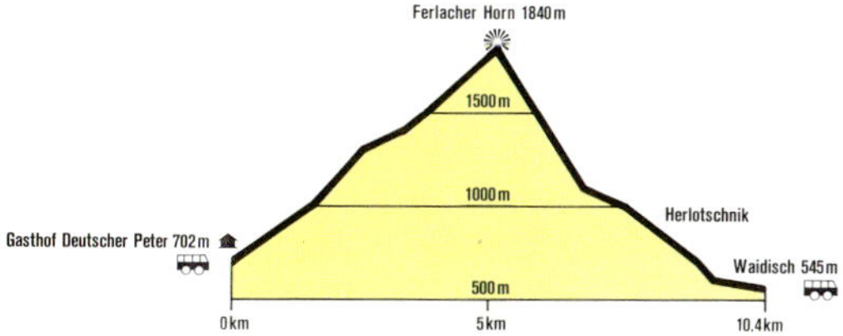

Ausgangspunkt: Ferlach
Parken: Nähe Busbahnhof
Höhenunterschied: 1.295 m

Wanderzeit: 7½ Std.
Schwierigkeitsgrad: mittel!
Einkehr: Deutscher Peter, Zur Linde, Waidisch

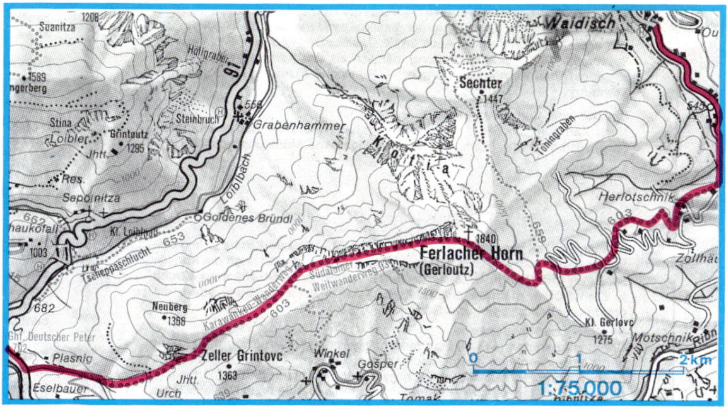

Tourenverlauf: Mit dem Postbus fahren wir ins Loibltal bis zum Gasthof »Deutscher Peter«. Wir wandern vom Gasthof einige Minuten an der Loiblbundesstraße bergwärts und biegen nach einem Holzhaus links in den beschilderten Weg ein. Vorerst geht der Weg leicht aufwärts, danach spazieren wir nach Passieren eines Holzzaunes Richtung Eselssattel. Bei einer beschilderten Abzweigung wandern wir durch Laubwald und erreichen eine kleine Waldwiese. Durch leicht bewaldetes Gebiet setzt sich der Weg dann steiler fort und nach einiger Zeit beginnt eine Kammwanderung mit z. T. schaurigen Ausblicken über die Felsabbrüche der sehr steilen Nordwand. Über diesen Kamm erreichen wir dann den Gipfel. Den Abstieg treten wir nun über den mit »603« markierten Weg südwärts nach Waidisch an. Vorerst führt er uns durch Almmatten, später durch einen Wald, vorbei dann an dem Weg, der nordwärts über den Sechter verläuft, der dem Ferlacher Horn vorgelagert ist. Dann folgen wir dem östlichen Kamm steil talwärts; später verläuft dieser Weg etwas bequemer über eine Forststraße ins Tal bei Waidisch (Bushaltestelle für die Rückfahrt).

51 **Bergtour:** Raidenwirt (Loiblpaß, 1.367 m) – Loibler Baba, 1.968 m

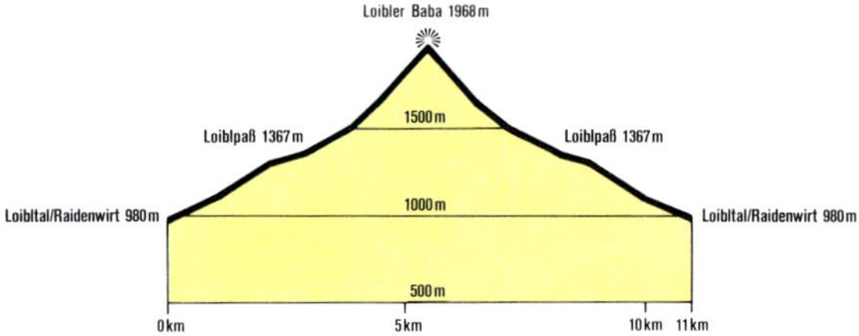

Ausgangspunkt: Raidenwirt
Parken: neben der Loiblpaß-Bundesstraße
Höhenunterschied: 958 m

Wanderzeit: $7^1/_2$ Std.
Schwierigkeitsgrad: mittel!

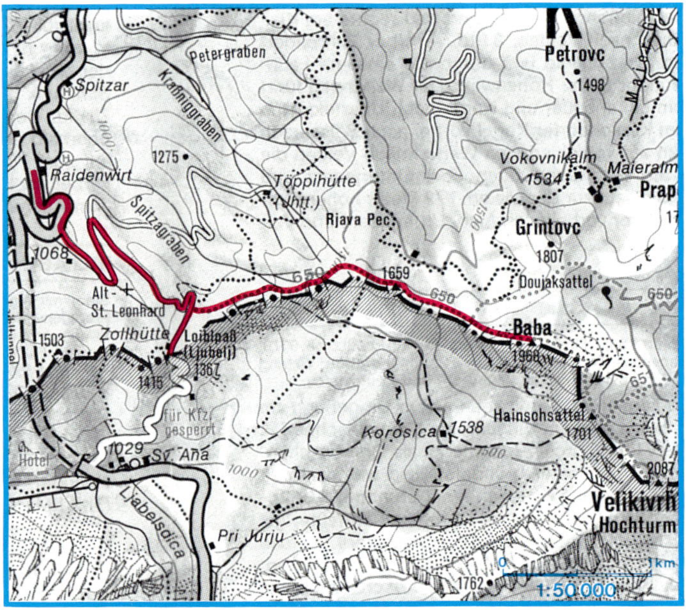

Tourenverlauf: Wir folgen der Loiblbundesstraße bis zu ihren letzten Kehren, bis wir eine nach links abbiegende, steil aufwärts führende Schotterstraße erreichen, die alte Loiblpaßstraße (Fahrverbot). Diese führt nun in einigen Kehren aufwärts. Oberhalb der letzten Kehre beginnt links der Steig zur Baba, es lohnt sich aber auch der kurze Weg bis zum Loiblpaß, da sich von diesem alten Grenzübergang (kein Grenzübertritt!) aus eine sehr schöne Aussicht bietet. Unser Weg zur Baba führt nach der letzten Kehre $^1/_2$ Std. durch Laubwald zur Grenze. Hier beginnt der Weg schwieriger zu werden. Wir bleiben stets am Grenzkamm, überqueren ein mit Drahtseil gesichertes Felsstück, wo der Weg 650 wieder etwas leichter wird und ziemlich eben über eine Alm führt. Hier mündet dann der von Norden kommende Steig von

Zell-Pfarre ein. Der Weg führt nun steil dem Grat entlang aufwärts, wir verlassen den Grat nur kurz unter dem Gipfel nach links, um dann nach rechts durch eine Rinne den Gipfel zu erreichen. Steil fällt von hier der Hang Richtung Osten ab, imposant wirkt auch das sehr nahe Koschutamassiv. Für den Abstieg benutzen wir wieder den Aufstiegsweg.

52 **Rundwanderung:** Ressnig – Maria Rain – Hollenburg – Ressnig

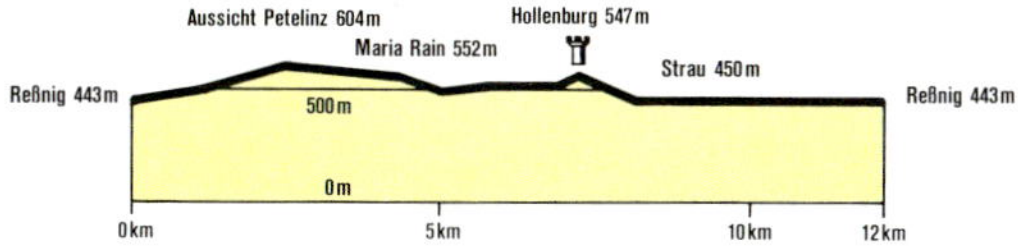

Ausgangspunkt: Gasthof Plasch, Ressnig
Parken: vor dem Haus
Höhenunterschied: 180 m

Wanderzeit: 3½ Std.
Schwierigkeitsgrad: leicht!
Einkehr: mehrere Gasthöfe an der Strecke

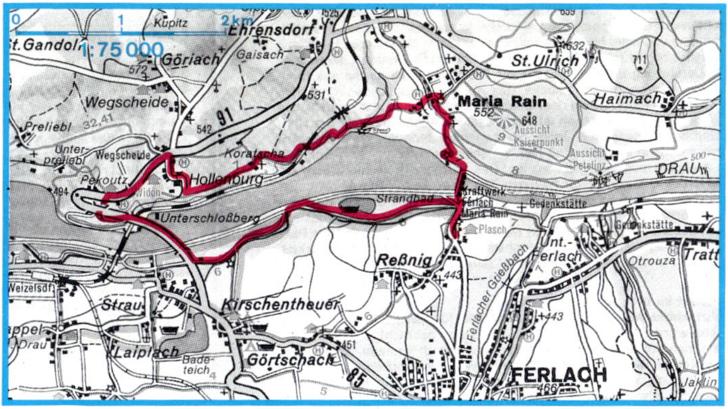

Tourenverlauf: Vom Ausgangspunkt führt eine Asphaltstraße auf die Staumauer des Kraftwerkes Ferlach. Jenseits des Kraftwerkes führt ein Waldweg, teilweise in einer steilen Geraden, teilweise in Serpentinen, bis zu einem breiteren Waldweg, dem man nach Westen bis zur Abzweigung Petelinz folgt. Hier benützt man nun den ostwärts führenden Pfad, bis man Petelinz erreicht. Von diesem Plateau genießt man eine herrliche Aussicht ins Rosental und zu den Karawanken. Parallel zum Hinweg führt nun ein weiterer Waldpfad oberhalb nach Maria Rain, wo man ca. 100 m nach dem Kirschnerhof links den Weg Richtung Hollenburg einschlägt. Dieser bringt uns zuerst talwärts knapp bis ans Stauseeufer; nach der Bahnunterführung führt der Weg durch teilweise dichten Mischwald bis zur Hollenburg, einer 1147 erstmals erwähnten imposanten Festung. Vom Söller der Hollenburg aus genießt man ebenfalls einen wunderbaren Ausblick auf den Stausee und das Rosental. Der Rückweg führt nun entlang der Bundesstraße über die Anfang der siebziger Jahre erbaute neue Hollenburger Brücke und von deren Ende entlang der kleinen Drau zum Ferlacher Badesee bis zum Ausgangspunkt.

53 **Bergwanderung:** Waidisch – Rauth – Hintergupf – Gotschuchen

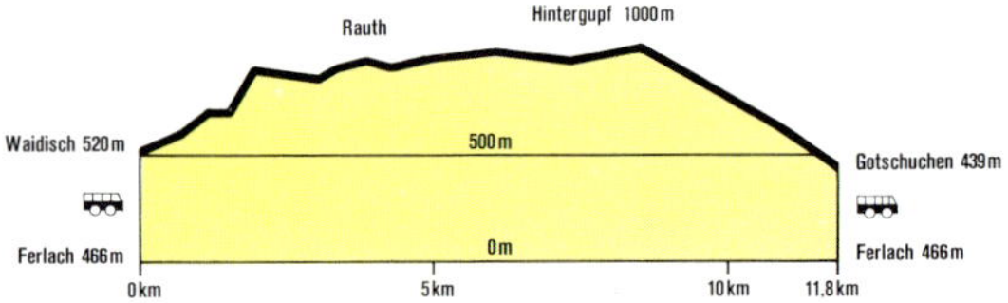

Ausgangspunkt: Ferlach
Parken: Nähe Busbahnhof
Höhenunterschied: 382 m

Wanderzeit: 5 Std.
Schwierigkeitsgrad: leicht!
Einkehr: Ogrisbauer, Rauth, Kroschlhof, Hintergupf

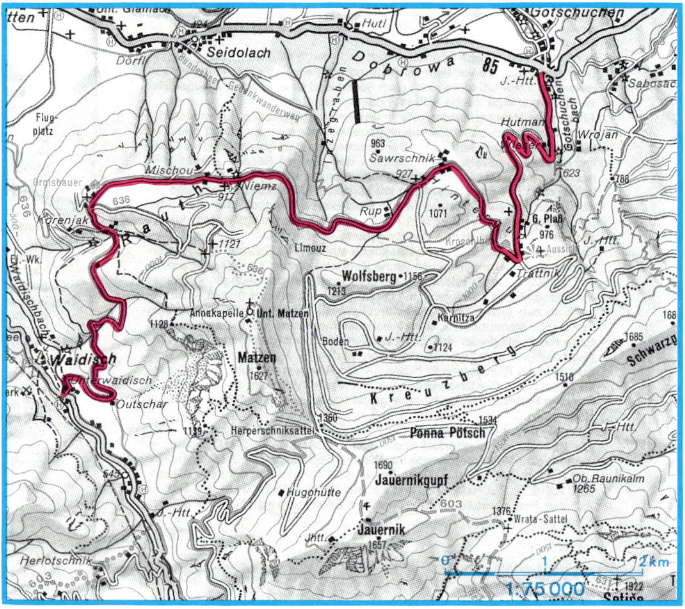

Tourenverlauf: Mit dem Postbus fahren wir bis Unterwaidisch. Von dort steigen wir den mit »636« bezeichneten Weg auf die Rauth bergwärts. Nach etwas mehr als 1 Std. erreichen wir das Gehöft Korenjak sowie weiter den Bauernhof vulgo Ogris. Von hier ab geht es über ein bewaldetes Hochplateau ostwärts, mit zum Teil sehr schönem Ausblick auf das Rosental. Nach $1\frac{1}{4}$ Std. führt uns der Weg am Anwesen Sauerschnig vorbei und nach 45 Min. erreichen wir den Weiler Hintergupf sowie den Gasthof Kroschlhof (im Winter sehr beliebt als Einkehrgasthof für Rodler, die die Rodelbahn nach Gotschuchen benutzen). Über den befahrbaren Güterweg Richtung Norden talwärts nach Gotschuchen, von wo wir dann die Rückfahrt nach Ferlach mit dem Postbus antreten können.

54 Wanderung: Zell-Mitterwinkel — Skarbina

Ausgangspunkt: Ferlach
Parken: Nähe Busbahnhof
Höhenunterschied: ca. 400 m
Wanderzeit: 3½ Std.
Schwierigkeitsgrad: leicht!
Einkehr: Gasthof Malle

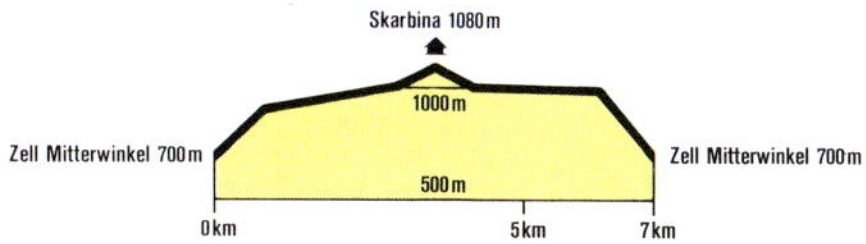

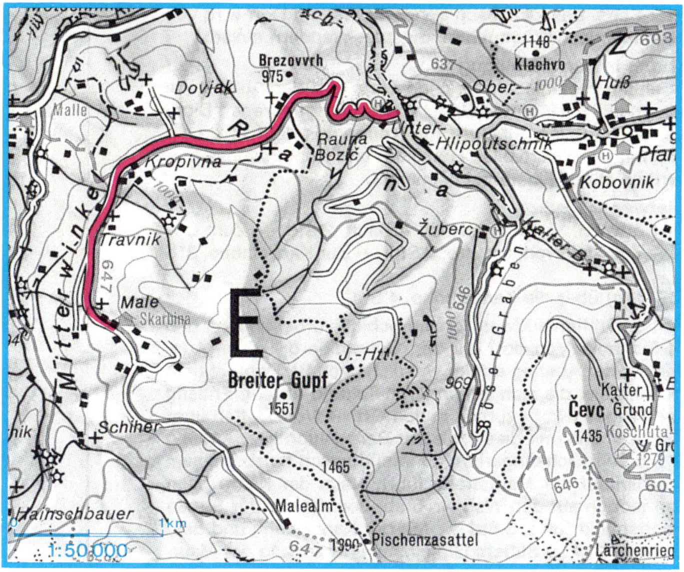

Tourenverlauf: Von Ferlach nehmen wir den Postbus nach Zell-Pfarre und verlassen diesen bei der Haltestelle Hubertushof. Nun biegen wir gleich neben der Haltestelle in den mit »Güterweg Zell-Mitterwinkel« beschilderten Weg ein, eine asphaltierte Straße, die gleich ziemlich steil über einige scharfe Kehren bergan führt. Nach ½ Std. erreichen wir ein Hochplateau mit einigen Gehöften. Nun führt der Weg leicht nach Südwesten, jedoch nicht mehr so steil wie anfangs. Wiederholt passieren wir einige Häuser und Gehöfte, wir genießen bereits einen sehr schönen Ausblick auf die Südostseite des Ferlacher Horns sowie auf die hochgelegenen Gehöfte in Zell-Oberwinkel. Nachdem die Straße nun eine Biegung nach Süden gemacht hat, erblicken wir bereits das auf einem Hochplateau gelegene Gehöft des Hainschbauern sowie den Hainschsattel, sowie rechts davon die Baba und links die imposant hochragende Koschuta mit dem Velikivrh und dem Hainschturm. Kurz danach erreichen wir das Anwesen Skarbina, den Endpunkt unserer Wanderung. Für den Rückweg benutzen wir dann den gleichen Weg wie zum Aufstieg. Rückfahrt dann wieder mit dem Bus nach Ferlach.

55 **Klettertour:** Westliche Koschuta (Velikivrh, 2.087 m – Hainschturm, 2.093 m)

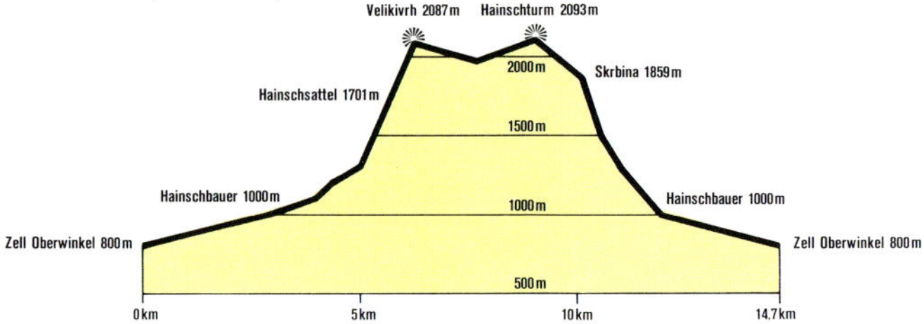

Ausgangspunkt: Zell-Oberwinkel, Gasthof Malle
Parken: Nähe des Gasthofes
Höhenunterschied: 1.443 m

Wanderzeit: 9 Std.
Schwierigkeitsgrad: schwierig! Nur für Geübte!
Einkehr: Gasthof Malle

Tourenverlauf: Vom Ausgangspunkt führt ein Weg nach Süden in den Hainschgraben. Wir passieren in der Talsohle den etwas oberhalb gelegenen Hainschbauern (Gehöft nicht mehr bewohnt). Im Oberen Hainschgraben erreichen wir eine Wegkreuzung; wir halten uns links am WW 651, der Weg führt nun in Windungen durch das Kar auf den 1.701 m hohen Hainschsattel (Staatsgrenze). Hier kein Grenzübertritt! Nun blicken wir zu unserem ersten Gipfel, im Südosten gelegen, dem 2.087 m hohen Velikivrh, dem »Hochturm«. Wir nehmen den Steig entlang der Grenze bis zum Wandfuß. Wir steigen in den Kamin ein und erreichen nach kurzer Kletterei den mit

Stiften gesicherten Steig, der durch eine Rinne aufwärts führt. Danach führt die Tour durch eine Schlucht und eine Grasrinne, bis wir über ein paar Steigspuren den Grat erreichen. Über diesen bzw. einen schräg aufwärts verlaufenden Wandgürtel erreichen wir links den Gipfel. Imposant liegen nun die weiteren Gipfel der Koschutakette vor uns, als interessanter Kontrast dazu die sanft anmutenden Almmatten des Südhanges (in Jugoslawien gelegen). Der Weg zum nächsten Gipfel, dem 2.093 m hohen Hainschturm ist entsprechend leicht, wir erreichen ihn nach 1¾ Std. vom Velikivrh; damit ist der höchste Punkt unserer Tour erreicht. Weiter geht es nun am Kamm entlang abwärts, zur 1.859 m hohen Skarbina. Der Abstieg erfolgt von hier aus über die Rinne (Vorsicht Steinschlaggefahr!), die auch in den Sommermonaten noch sehr oft Schnee aufweist, daher ist dieser Weg mit größter Vorsicht zu benutzen. Am Ende des Kars führt ein ziemlich steiler Weg in den Hainschgraben, wo wir nach kurzer Zeit wieder auf unseren Aufstiegsweg stoßen, der uns zurück zum Ausgangspunkt führt.

Anstieg zum Koschutnikturm (Tour 56)

56 **Klettertour:** Zell-Pfarre – Koschutahaus, 1.279 m – Koschutnikturm, 2.136 m

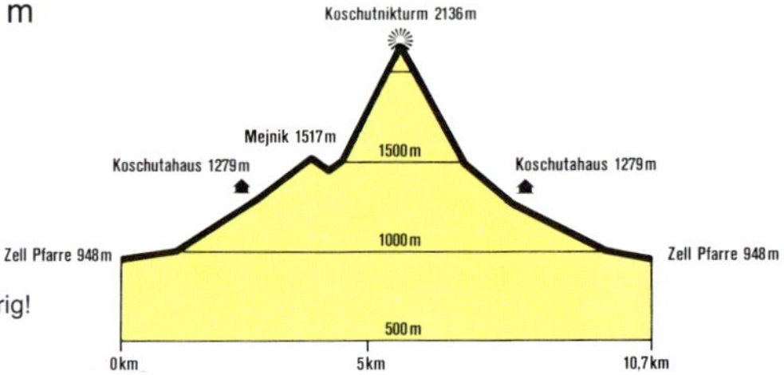

Ausgangspunkt: Zell-Pfarre
Parken: im Ort
Höhenunterschied: 1.188 m
Wanderzeit: 7½ Std.
Schwierigkeitsgrad: schwierig! Nur für Geübte!
Einkehr: Koschutahaus

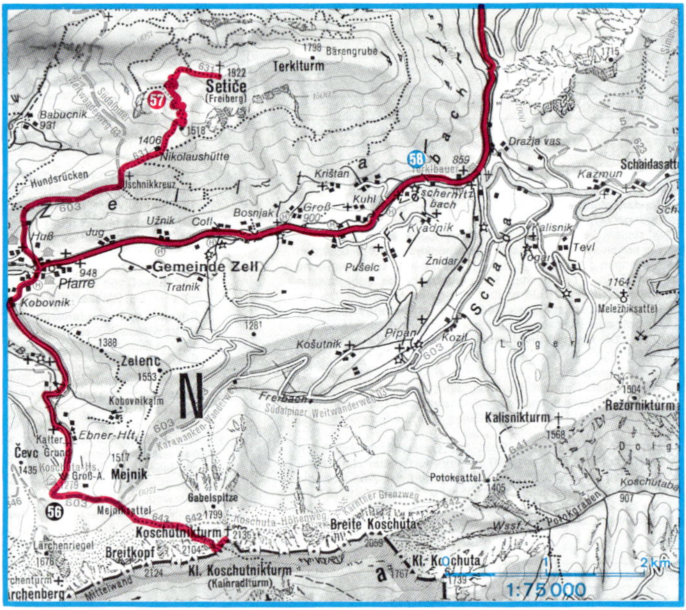

Tourenverlauf: Gegenüber dem Gasthaus Falle in Zell führt ein Fahrweg aufwärts, über den man die Mautstraße Richtung Koschutahaus erreicht. Auf dieser wandern wir leicht ansteigend Richtung Süden und erreichen nach 1 Std. das Koschutahaus. Von hier führt uns der markierte Steig durch teilweise Laubwald bis zum Mejniksattel. Empfehlenswert ist, vom Sattel aus einige Minuten nach links, zum 1.517 m hohen Mejnik aufzusteigen, denn von kaum einem Punkt aus wirkt das Koschutamassiv so imposant! Vom Sattel wenden wir uns wieder Richtung Süden. Ein steiler werdender, latschenbestückter Weg führt uns leicht östlich ins Kar. Bis wir die Gabelung am Aufstieg durch die West- bzw. Ostschlucht erreichen, beginnt die Koschutawand immer eindrucksvoller auf uns zu wirken. Wir entscheiden uns für die Ostschlucht, markiert mit »643«. Wir steigen den Weg nun weiter aufwärts in das Kar, erreichen über Steigspuren ein kurzes seilgesichertes Kletterstück. Nun führt der Weg weiter steil aufwärts durch eine Rinne (besondere Vorsicht bei Schneelage) auf den Grenzkamm. Den Gipfel erreichen wir auf dem südseitigen Grashang über Trittspuren. Wir genießen von hier aus die herrliche Aussicht auf alle Karawankengipfel, auf die südöstlich gelegenen Steiner Alpen und bei klarem Wetter schweift der Blick weit nach Slowenien im Süden bzw. in das Klagenfurter Becken im Norden. Beim Abstieg entscheiden wir uns für den Aufstiegsweg, da die Westschlucht wesentlich gefährlicher ist, wie uns am Gipfel einlangende Kletterer berichten. Aber auch in der Ostschlucht ist erhöht auf Steinschlaggefahr zu achten.

57 **Bergtour:** Zell-Pfarre — Setice, 1.922 m

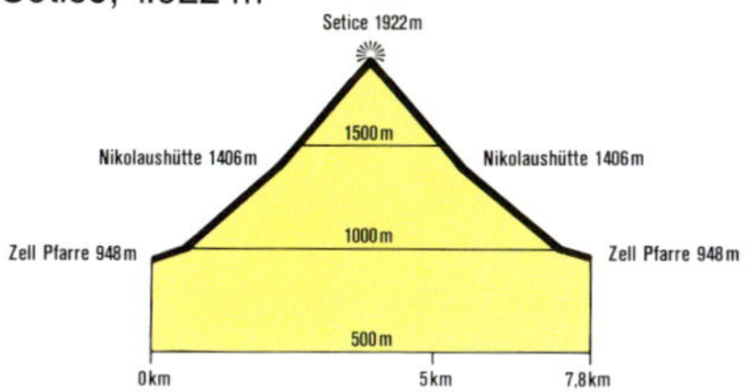

Ausgangspunkt: Zell-Pfarre
Parken: im Ort
Höhenunterschied: 974 m
Wanderzeit: 6 Std.
Schwierigkeitsgrad: mittel!
Karte: siehe Seite 98

Tourenverlauf: Wir folgen zuerst dem hinter dem Gasthof Falle beginnenden Weg nordwärts über Wiesen (beschildert) zum Waldrand. Dann führt der Waldweg teilweise ziemlich steil empor, erreicht einen kleinen Kamm zum Uschnikkreuz, wo der Karawankenwanderweg, vom Jauernik kommend, einmündet. Wir folgen nun dem Weg 631 weiter aufwärts und erreichen als nächstes eine Jagdhütte in einer Lichtung mit recht schöner Aussicht. In nordöstlicher Richtung überqueren wir eine Almwiese und überschreiten nun die Baumgrenze. Der Weg führt nun in Serpentinen bergwärts, bis wir eine Hochfläche erreichen. Von hier aus sind es 20 Min. zum Gipfel, der mit seiner herrlichen Aussicht als »Logenplatz« für eine Karawankenbetrachtung bezeichnet werden kann. Denn bei klarem Wetter ist von der Petzen bis zum Mittagskogel alles schön überschaubar, besonders natürlich die im Süden liegende Koschutawand. Abstieg am Anstiegsweg.

58 **Wanderung:** Zell-Pfarre — Terklbauer — Freibach

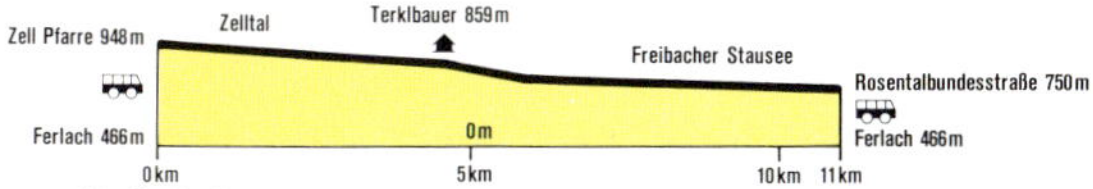

Ausgangspunkt: Ferlach
Parken: Nähe Busbahnhof
Höhenunterschied: 482 m
Wanderzeit: 3½ Std.
Schwierigkeitsgrad: leicht!
Einkehr: Terklbauer, Kajzar
Karte: siehe Seite 98

Tourenverlauf: Mit dem Postbus bis Zell-Pfarre, Gasthof Falle. Dort beginnen wir unsere Wanderung durch dieses hochgelegene Karawankental; unsere erste Etappe wird rechter Hand vom gewaltigen Koschutamassiv begleitet. Wir wandern gemütlich entlang der asphaltierten Straße, die ständig ein leichtes Gefälle aufweist. Zeitweise können wir auch über parallel zur Straße verlaufende Wald- und Wiesenwege ausweichen. Nach etwa 1 Std. Wanderung erreichen wir den Terklbauer. Bei der danach folgenden Straßenkreuzung bleiben wir links, wir wenden uns jetzt nordwärts und wandern vorerst in ein enges, vom Freibach fast klammartig eingeschnittenes Tal, das dann wieder etwas breiter wird. Die Asphaltstraße ist inzwischen in eine Schotterstraße übergegangen und das Gefälle der Straße wird für einige Zeit kuppenartig. Wo das Tal noch breiter wird, haben wir den Freibacher Stausee vor uns. Rechts am See vorbei folgt ein leichter Anstieg zur Rosentalbundesstraße.

59 **Bergtour:** Zell-Pfarre – Terklbauer – Kalisnikturm, 1.568 m

Ausgangspunkt: Zell-Freibach
Parken: Terklbauer
Höhenunterschied: 709 m
Wanderzeit: 5 Std.
Schwierigkeitsgrad: mittel!
Einkehr: Terklbauer

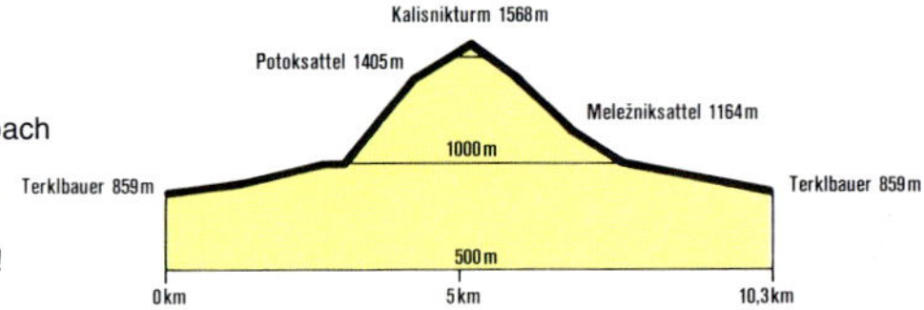

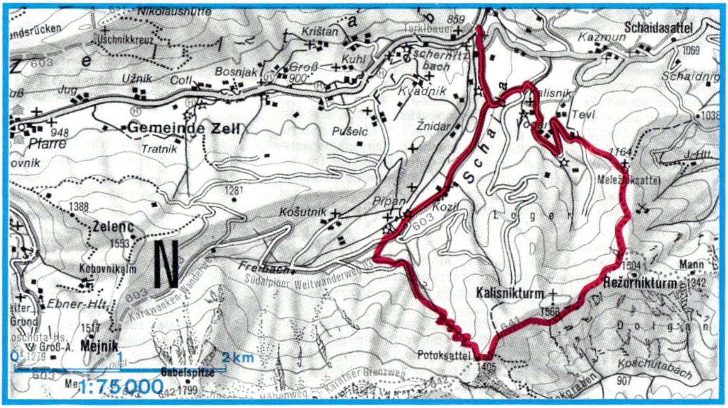

Tourenverlauf: Vom Terklbauer die Straße abwärts zum Freibach, dann rechts und gleich darauf nochmals rechts Richtung Sportplatz. Hier dann dem Weg folgend taleinwärts zur Pipansäge. Kurz nach der Brücke leitet der Weg steil links aufwärts (markiert mit 642) in den Wald. Von hier führt der Weg teilweise über eine Forststraße steil aufwärts und nach einigen Serpentinen erreichen wir den Potoksattel. Von hier Richtung Nordosten zum Kalisnikturm. Wir erreichen nach kurzem, aber mühsamem Aufstieg den Gipfel. Wir steigen ab bis zum markierten Steig, dem wir nun weiter nach Nordosten folgen. Nach dem Kalisnikturm hört die Markierung auf, doch der Weg ist deutlich erkennbar. Unterhalb des Režornikturmes verläuft der Weg nun nördlich abwärts, bis wir den Meležniksattel mit seiner kleinen Holzkapelle erreichen. Nun Richtung Nordwesten durch den Wald abwärts zum Terklbauern.

Völkermarkt
Klopeiner See

Ortsbeschreibungen:

EBERNDORF

Marktgde., Bez. Völkermarkt, Einw.: 5.650, Höhe: 447 m, Postltz.: A-9141. **Auskunft:** Gemeindeamt Eberndorf, Tel. 04236/2241-12. **Bahnstation:** Völkermarkt-Kühnsdorf (4 km). Linienbusverbindung mit Klagenfurt, Völkermarkt, Ferlach, Klopeiner See, Bleiburg und Eisenkappel.

Eberndorf, ein Zentrum des Jauntales, liegt hingebreitet am sanften Hang des nur 607 m hohen Kolms, von dem aus sich das Forstgebiet der Dobrawa nach Osten hin erstreckt. Der Ort heißt in den ältesten Urkunden Maria Jun (= Jaun), dann Dobrendorf und schließlich Eberndorf. Zur Gemeinde gehören auch zahlreiche umliegende Weiler und Dörfer, darunter Kühnsdorf und Gösselsdorf. Im 12. Jh. wurde in Eberndorf vom Patriarchen von Aquileia ein Chorherrenstift errichtet, das wegen der Türken- und Ungarneinfälle im 15. Jh. mit Wall und Graben umgeben wurde. Der aus dieser Zeit stammende wuchtige, freistehende Wehrturm mit dem markanten Walmdach ist auch heute noch das Wahrzeichen des Ortes, der Sitz eines Bezirksgerichtes ist.

Sehenswert

Das 1106 errichtete Chorherrenstift wurde 1603 aufgehoben und den Jesuiten übergeben, seit 1809 ist es im Besitz der Benediktiner von St. Paul. Die heutige **Stiftsanlage** stammt im wesentlichen aus dem 17. Jh. Die ursprünglich romanische, später gotisierte **Stiftskirche** (Marienkirche) mit dem freistehenden Turm ist seit 1773 Pfarrkirche, sie besitzt eine eindrucksvolle, fünfschiffige Krypta. Vorzügliche Plastiken und Fresken aus dem 15. Jh., schöner Rokokohochaltar aus der Mitte des 18. Jh.s. An der Südseite dieser prachtvollen Kirche haben sich die Herren von Ungnad, die Besitzer der benachbarten Burg Sonnegg, eine spätgotische Grabkapelle, die **Ungnadkapelle,** erbaut. Das Grabmal aus rotem Marmor des Ritters Christoph Ungnad gilt als eines der hervorragendsten Werke der salzburgisch-kärntnerischen Grabmalkunst der Spätgotik. – **Friedhofskirche Unsere Liebe Frau am Berg.** – Kapelle **Hl. Geist am Berg.** – **Burgruine Sonnegg,** ursprünglich Jauneck genannt, ausgedehnte mittelalterliche Anlage. – **Schloß Sonnegg** des Fürsten Orsini-Rosenberg aus dem 17. Jh.

EISENKAPPEL-VELLACH

Marktgde., Bez. Völkermarkt, Einw.: 3.600, Höhe: 555 m, Postltz.: A-9135. **Auskunft:** Fremdenverkehrsamt Eisenkappel, Tel. 04238/245. **Bahnstation:** Kühnsdorf (20 km). Linienbusverbindung mit Klagenfurt und Völkermarkt.

Eisenkappel, die südlichste Gemeinde Österreichs, liegt inmitten der Karawanken an der Mündung des Ebriachbaches in die Vellach. Idealer Stützpunkt für Bergfahrten in die Karawanken und Steiner Alpen. Über den nahen Seebergsattel führt die kürzeste Straßenverbindung nach Laibach (Ljubljana). Der Markt, der bis 1890 Kappl hieß, hat seinen Namen von einer Kapelle, die bereits 1060 genannt wird. Durch den Ort ging im Mittelalter die Eisenstraße vom Lavanttal ins ehemalige Herzogtum Krain; besonders die Erwerbung Triests durch die Habsburger (1382) förderte den Verkehr. 1473 brachen die Türken über den Seebergsattel ein und verheerten den nicht ummauerten Markt. Im 19. Jh. entwickelte sich eine lebhafte Eisenindustrie

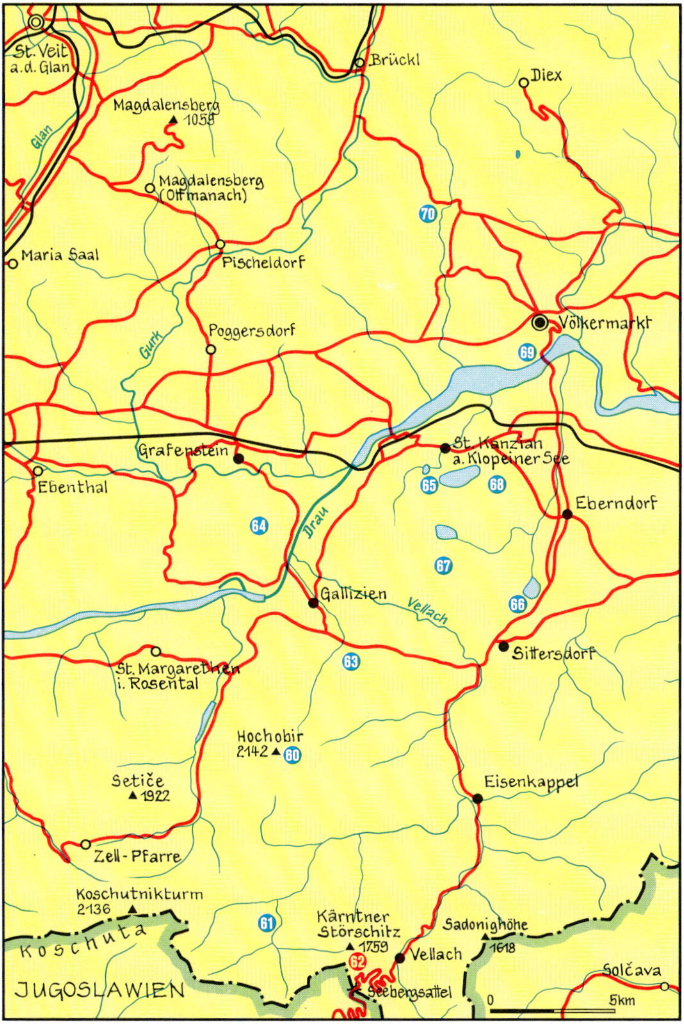

● Fremdenverkehrsverband, Verkehrsverein — Straße — Eisenbahn — Staatsgrenze — 62 Lage der beschriebenen Wanderwege

(Eisenhämmer), die aber wieder einging. Nach dem ersten Weltkrieg rückten jugoslawische Truppen über den Seebergsattel ein, die Gemeinde wurde aufgelöst und ein slawischer Regent eingesetzt. Bekannt ist auch die Carinthia-Lithion-Quelle, ein alkalisch-muriatischer Säuerling. Eisenkappel ist Sitz eines Bezirksgerichts, einer Zollwache und hat bedeutende Sägeindustrie. Der zur Gemeinde gehörende Ort Vellach liegt im obersten Vellachtal, 8 km südlich von Eisenkappel zu Füßen des Seebergsattels. Es ist der südlichste Ort Österreichs.

Sehenswert

Am Platze der während der Türkeneinfälle niedergebrannten Pfarrkirche wurde gegen Ende des 15. Jh.s die heutige **St.-Michaels-Kirche** im spätgotischen Stil errichtet, der Westturm ist neuzeitlich, die Altäre stammen aus dem 17. und 18. Jh. – Die spätgotische **Wallfahrtskirche Maria Dorn** ist nach den Türkeneinfällen als Wehrkirche entstanden, sie birgt Rokokoaltäre und eine wertvolle Kanzel. Die Außenwand schmückt ein bemerkenswertes Fresko aus dem Ende des 15. Jh.s. Um die Kirche weben sich viele Legenden, zu ihr flüchteten die Menschen, wenn die Vellach Hochwasser führte. Zur Erinnerung an die Hochwassergefahr lassen noch heute die Kinder am Vorabend von Lichtmeß (1. Februar) aus Holzspänen hergestellte kleine Kirchen, in die sie eine brennende Kerze hineinstellen, die Vellach hinunterschwimmen. Als Kaiser Josef II. die Wallfahrt nach Maria Dorn unterbinden wollte, kam es zu schweren Unruhen unter der einheimischen Bevölkerung. – Südlich von Eisenkappel erbaute die reiche Bürgersfamilie Hagen im 16. Jh. das **Schloß Hagenegg;** heute ist es im Besitz der Grafen Thurn-Valsassina. – In Vellach sind die im Empirestil erbaute **Dreifaltigkeitskapelle** und das sogenannte **Gouverneursstöckl** sehenswert. – Nördlich von Eisenkappel liegt die **Burgruine Rechberg.** – Die **Trögerner Klamm,** eine 3 km lange Schlucht im hintersten Ebriachtal. – Das Naturschutzgebiet der **Vellacher Kotschna.**

GALLIZIEN

Gde., Bez. Völkermarkt, Einw.: 1.700, Höhe: 437 m, Postltz.: A-9132. **Auskunft:** Gemeindeamt Gallizien, Tel. 04221/220. **Bahnstation:** Grafenstein (6 km). Linienbusverbindung mit Grafenstein, St. Margareten und Sittersdorf.

Die in der Nähe des Klopeiner Sees gelegene schöne Sommerfrische im Jauntal wird 1123 urkundlich genannt; seit 1430, nachdem die Reliquien aus Santiago de Compostela in der spanischen Landschaft Galicia hierher gebracht worden waren, heißt der ehemals »Gestidorf« genannte Ort Gallizien. Seit 1931 lebt Werner Berg, der Maler Unterkärntens, auf dem Rutarhof.

Sehenswert

Die **Jakobskirche** enthält barocke Altäre und eine feine Muttergottesstatue aus dem 15. Jh. – Sehenswert ist der mitten im Wald südlich der Ortschaft gelegene **Wildensteiner Wasserfall;** sehr gute Zufahrt auf asphaltierter Straße, gut ausgebauter Steig zum 54 m hohen Fall.

GRAFENSTEIN

Gde., Bez. Klagenfurt-Land, Einw.: 2.629, Höhe: 417 m, Postltz.: A-9131. **Auskunft:** Gemeindeamt Grafenstein, Tel. 04225/2220. **Bahnstation:** Grafenstein. Linienbusverbindung mit Klagenfurt und Eisenkappel.

Die große Ortschaft liegt im Klagenfurter Becken an der Gurk zu Füßen des waldreichen Hügellandes der Sattnitz.

Sehenswert

Das **Schloß** der Fürsten Orsini-Rosenberg, das 1629 umgebaut und im 18. Jh. renoviert wurde; sehenswerter Arkadenhof. Wertvolle Inneneinrichtung mit Empireöfen. Landschaftsmalereien des späten 18. Jh.s und Stuckplafonds. 1919 wurde das Schloß während des Kärntner Freiheitskampfes schwer heimgesucht. 1938 renovierte Fresken wurden in der Nachkriegszeit vernichtet (Besatzung). – Östlich des Schlosses befindet sich die 1116 geweihte romanische **Pfarrkirche,** die während der Barockzeit erweitert wurde, sie birgt gute Rokokostukkaturen, die zu den schönsten des Landes zählen.

Am Klopeiner See

ST. KANZIAN AM KLOPEINER SEE

Gde., Bez. Völkermarkt, Einw.: 3.700, Höhe: 443 m, Postltz.: A-9122. **Auskunft:** Gemeindeamt St. Kanzian, Tel. 04239/224. **Bahnstation:** Völkermarkt-Kühnsdorf (5 km). Linienbusverkehr mit Kühnsdorf, Völkermarkt und Klagenfurt.

Sehenswert

Die Filialkirche **St. Jakob in Klopein** besitzt ein romanisches, flachgedecktes Schiff und einen frühgotischen, gewölbten Chor. Die Altäre stammen aus dem 18. Jh. Die **Kirche in St. Kanzian** stammt aus dem Jahre 1518, sie wurde um 1848 erweitert. Altäre und Kanzel vom Ende des 18. Jh.s. Die Kirche besitzt eine wertvolle Monstranz und einen schönen Kelch aus dem Rokoko. Am Seitenaltar ein legendenumwobenes, 3 m hohes Kreuz, zu dem alljährlich am Sonntag nach Pfingsten die Menschen der Umgebung wallfahren. – Bei Oberburg fand man die **Reste einer großzügigen illyrischen Befestigungsanlage** aus der späten Bronzezeit. – An der Stelle der **St.-Georgs-Kirche** bei Unterburg stand im Hochmittelalter eine kleine Burg, bescheidene Reste sind noch sichtbar. Die gotische Kirche hat einfache Altäre aus dem 18. Jh. Im Turm hängt seit Jahren ein Wunschglöcklein, in früheren Zeiten pilgerten die ledigen Mädchen der Umgebung nach St. Georg. Wenn sie am Glöcklein zogen, soll ihnen der Heilige zu einem Mann verholfen haben. – Bei Grabelsdorf liegt die ursprünglich romanische **St.-Daniels-Kirche.** – Weit sichtbar ist das **Felsenschloß mit der Kirche von Stein im Jauntal** auf einem hochragenden Konglomeratfelsen am rechten Ufer der Drau. Auf dem südwestlich gelegenen Steiner Berg sind noch die Spuren einer mittelalterlichen Wallanlage zu sehen. – Die romanische **St.-Lorenz-Kirche** entwickelte sich aus der Burgkapelle der unteren, jüngeren Burg. Schiff und Chor der Kirche wurden im 14. und 15. Jh. gotisch eingewölbt. Unter dem Chor liegt die romanische Krypta, die bis 1605 die Grabstätte der im Jauntal als Heilige verehrten legendenumwobenen Hildegard barg. Seit 1770 ruht ein Teil der Reliquien auf einem Altaraufsatz an der Südseite der Kirche. Hildegard stiftete eine alljährlich am 5. Februar stattfindende Armenspende, die als das **Striezelwerfen** bekannt ist. Die von den Kirchenkämmerern unter das Volk geworfenen Striezel, kleine Semmeln, schützen vor Freisinn, Irrsinn und Fallsucht, bewahren das Vieh und das Haus vor Feuer und Blitzschlag. Neben der Kirche ein **romanischer Karner.** Unterhalb des Burgfelsens die romanische, stark barockisierte **Margaretenkirche.** – Vielbesucht ist auch die moderne **Sternwarte** in St. Kanzian, sie ist mit einem 17-cm-Newton-Teleskop und einem 10-cm-Leitrohr ausgestattet.

SITTERSDORF

Gde., Bez. Völkermarkt, Einw.: 2.250, Höhe: 500 m, Postltz.: A-9133. **Auskunft:** Gemeindeamt Sittersdorf in Miklauzhof, Tel. 04237/228. **Bahnstation:** Völkermarkt-Kühnsdorf (9 km). Linienbusverkehr mit Völkermarkt, Eisenkappel und Klagenfurt.

Wo die Vellach von Eisenkappel herunterkommend aus den Karawanken heraustritt, liegen Miklauzhof, Sittersdorf und in weitem Kreis die übrigen zur Gemeinde gehörenden Dörfer und Weiler. Das hier herrschende günstige Klima der auf einer Durchschnittshöhe von 500 m liegenden Siedlungen wird durch den ehemaligen Weinbau bewiesen, der ab dem 15. Jh. nachgewiesen ist. Noch 1914 wurden 50 Weingärten bestellt.

Sehenswert

Romanische, barock umgebaute **Kirche** mit gotischem Chor und barocken Altären, romanischer Karner mit Barockaltar in einer Nische. – Die **Burgruine Rechberg.** – **Burgruine Sonnegg,** ursprünglich Jauneck genannt, ausgedehnte mittelalterliche Anlage. – **Schloß Sonnegg** des Fürsten Orsini-Rosenberg aus dem 17. Jh., im Tal südlich unter der Burgruine Sonnegg gelegen. – Der **Hemmaberg,** einst keltisch-römische Bergstadt Juenna.

VÖLKERMARKT

Bezirksstadt, Einw.: 11.000, Höhe: 462 m, Postltz.: A-9100. **Auskunft:** Stadtgemeindeamt Völkermarkt, Tel. 04232/57117. **Bahnstation:** Völkermarkt-Kühnsdorf (4 km). Linienbusverkehr mit Klagenfurt, Wolfsberg, Graz, Bleiburg, Klopeiner See, Eisenkappel, Diex und Brückl.

Der Hauptort des Kärntner Unterlandes liegt in landschaftlich reizvoller Lage auf einer Diluvialterrasse hoch über dem 21 km langen Völkermarkter Stausee.

Der Ort hieß im Mittelalter Volchenmarkt, Markt des Volko; 1254 erhielt er das Stadtrecht und eine starke Befestigung. Groß war schon in dieser Zeit die wirtschaftliche Bedeutung der Siedlung, die besonders durch die Errichtung einer Münzstätte und die Gewährung des Stapelrechtes (1405) gekennzeichnet ist. Eisen und steirischer Wein mußten hier feilgeboten werden, bevor sie weiterverkauft werden durften. Brände, Erdbeben, Türkenkriege und die Pest suchten die Stadt immer wieder heim. Schwer litt Völkermarkt Anfang des 19. Jh.s unter der Franzosenherrschaft. Während des Kärntner Abwehrkampfes nach 1918 war die Stadt ein Zentrum der Verteidigung. Zur Erinnerung an die Kärntner Volksabstimmung im Jahre 1920 trägt Völkermarkt den Ehrennamen »Stadt der Volksabstimmung«, Landwirtschaftliches Genossenschaftszentrum, Gymnasium, Fachschulen.

Sehenswert

Von der 1247 erbauten **Stadtpfarrkirche St. Magdalena** sind nur die zwei starken romanischen Westtürme und das Stufenportal erhalten; mit seinen frühgotischen Türbeschlägen zählt es zu den bemerkenswerten Portalen Kärntens. Die spätgotische Hallenkirche enthält vorzügliche barocke Altäre, eine Muttergottesstatue aus der Zeit um 1300, eine bedeutende gotische Steinpieta von 1410 und mehrere Grabmäler des 15. und 18. Jh.s. – Vor der Kirche steht eine spätgotische **Lichtsäule** aus dem Jahre 1477, die von der Zunft der Lederer und Schuster gestiftet wurde. – Im ältesten Teil der Stadt befindet sich die **Pfarrkirche St. Ruprecht,** die zwar erst 1177 urkundlich genannt wird, angeblich aber schon 760 geweiht sein soll. Obwohl immer wieder stark verändert, erkennt man auch heute noch die ursprüngliche Form einer romanischen Basilika. Der romanische Kirchturm aus dem 11. Jh. ist eines der schönsten Baudenkmäler aus dieser Zeit in Österreich. – Nördlich der Kirche der romanische **Karner St. Michael** aus dem 12. Jh. – Reste der alten **Stadtmauer.** – **Bastionsturm der alten Herzogsburg.** – Auf dem großen **Stadtplatz** mit dem Abstimmungsdenkmal und der Pestsäule aus dem Jahre 1715 findet an jedem Mittwoch ein Wochenmarkt statt. – Hier befindet sich auch das **Alte Rathaus** mit gotischen Laubengängen aus dem Jahre 1499 (heute Sparkasse). – Westlich von St. Ruprecht das **Renaissanceschloß Kollhof.** – Südlich von Völkermarkt erstreckt sich in einer Länge von 21 km und einer Breite von bis zu 1,5 km der **Völkermarkter Stausee** (10,5 km). Der See ist an manchen Stellen bis zu 21 m tief; er ist nach dem Wörther- und dem Millstätter See der drittgrößte See Kärntens. Bemerkenswert ist das Kraftwerk bei Edling, das erste ferngesteuerte Großlaufwerk Österreichs. Die Fernsteuerung erfolgt vom Kraftwerk Schwabegg.

60 **Bergtour:** Schaidasattel – Hochobir, 2.142 m

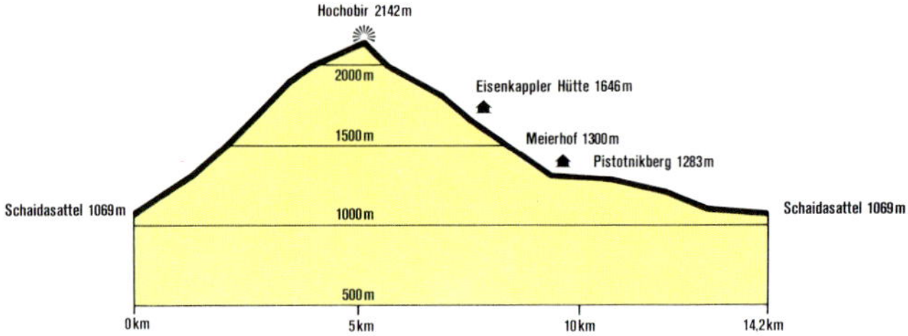

Ausgangspunkt: Gehöft Kazmun, Schaidasattel
Parken: am Schaidasattel
Höhenunterschied: 1.073 m
Wanderzeit: 7 Std.
Schwierigkeitsgrad: leicht!
Einkehr: Eisenkappler Hütte

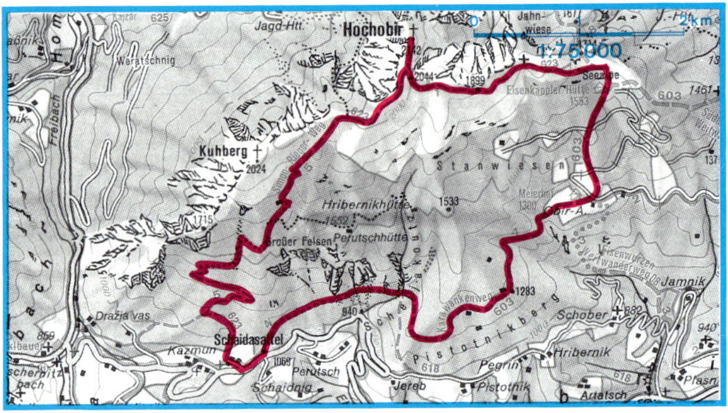

Tourenverlauf: Vorbei am Gehöft Kazmun benutzen wir vorerst den sehr gut markierten Waldweg aufwärts, wo sich uns schon in einzelnen Passagen eine herrliche Aussicht zur Koschuta bzw. zu den direkt südlich gelegenen Karawankengipfeln (Kalisnik- und Režornikturm) bietet. Nach Passieren eines Kreuzes wandern wir stets Richtung Nordosten über eine Alm, bis wir die Westschulter des Hochobirs erreichen. Nach etwa 45. Min. erreichen wir das im 2. Weltkrieg zerstörte ehemalige Rainerschutzhaus; von hier führt ein ziemlich steiler Weg in etwa 15 Min. bis zum Gipfel. Vor uns liegen nun im Süden die Steiner Alpen, im Südwesten die Koschuta, in der Verlängerung davon Vertatscha und Hochstuhl, Westkarawanken, sowie die Julischen Alpen. Nordwärts bietet sich bei gutem Wetter eine Fernsicht weit über das Klagenfurter Becken hinaus. Der Abstieg vom Gipfel zur Eisenkappler Hütte dauert etwas mehr als 1 Std. und führt teilweise auf recht breitem Weg von der Abzweigung beim ehemaligen Rainerschutzhaus südostwärts vorbei, an der ehemaligen Telefonleitung entlang. Von der Eisenkappler Hütte benutzt man beim Abstieg zum Schaidasattel den Weg

»603« (Karawankenwanderweg), der südwestlich der Hütte beginnt. Auf Wald- und Wiesensteigen erreicht man wieder den Schaidasattel.

61 **Wanderung:** Durch die Trögerner Klamm

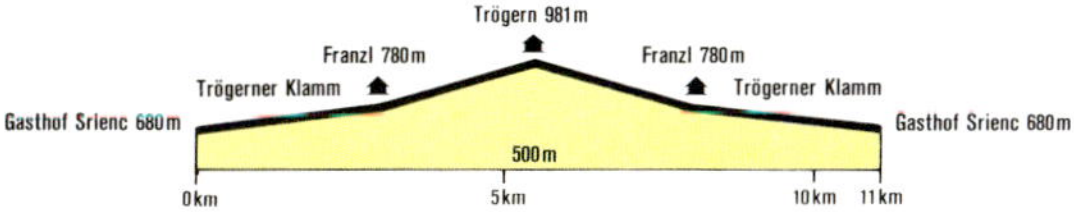

Ausgangspunkt: Eisenkappel
Parken: im Ort
Höhenunterschied: 426 m

Wanderzeit: 3½ Std.
Schwierigkeitsgrad: leicht!
Einkehr: Gasthof Srienc, Ebriach, Gasthof Franzl, Trögern

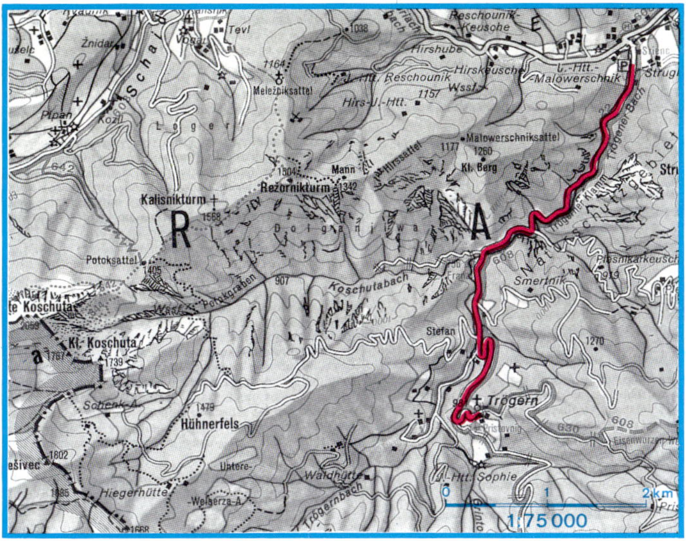

Tourenverlauf: Von Eisenkappel fahren wir mit dem Postbus bis zum Gasthof am Eingang zur Trögerner Klamm. Hier nun über die Brücke und auf der vorerst noch breiten Asphaltstraße nach Süden. Wir kommen am großen Parkplatz vorbei und die enger werdende Straße windet sich unter den Kalkfelsen taleinwärts. In diesem drei Kilometer langen Tal ist kaum ein fremder Laut hörbar, außer dem ständigen Rauschen des Trögerner Baches, der im Talgrund über Felsen als Wildbach talauswärts eilt. Aus Baumstämmen gefertigte Tische und Bänke am Straßenrand laden zum Rasten ein, wir erfrischen uns auch an einer der zahlreichen Quellen und Brunnen, die wir entlang der Straße antreffen. Gegen Ende der Klamm geht die Asphaltstraße in eine Schotterstraße über und nach dem Gasthof Franzl können wir noch ein bißchen schwitzen, das letzte Stück der Straße wird nun noch etwas steiler und endet bei der kleinen Trögerner Kirche. Für die Rückwanderung benutzen wir den gleichen Weg zurück zum Taleingang und dann wieder mit dem Bus zurück nach Eisenkappel.

62 **Bergtour:** Seebergsattel – Kärntner Storschitz, 1.759 m – Pasterksattel

Ausgangspunkt: Seebergsattel
Parken: Seebergsattel
Höhenunterschied: 531 m
Wanderzeit: 5 Std.
Schwierigkeitsgrad: mittel!
Einkehr: Gasthof am Seebergsattel

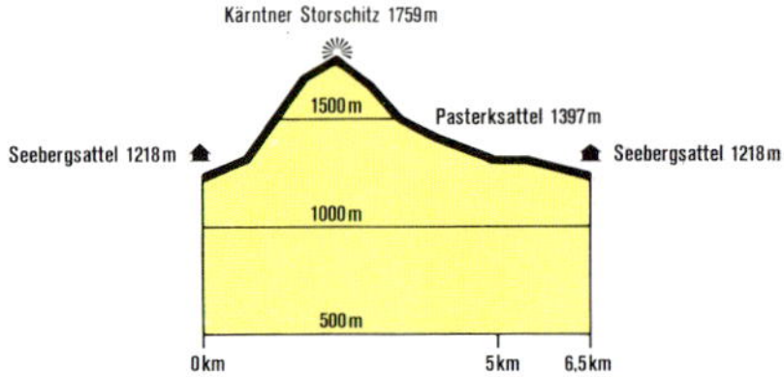

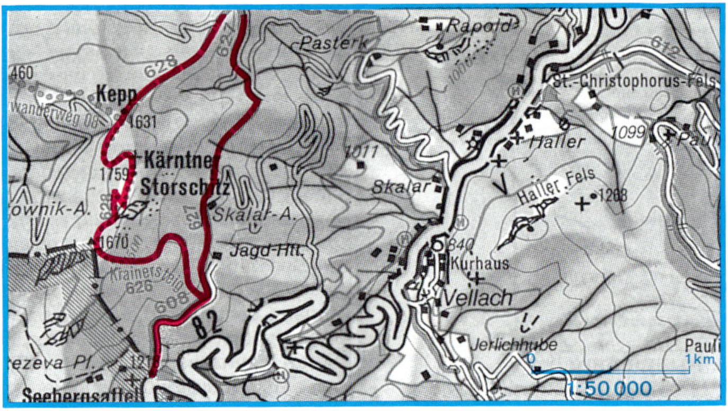

Tourenverlauf: Vom Zollhaus wandern wir nördlich zur Loisenhütte. Unser Weg biegt danach links ab (markiert 626) und führt als »Krainersteig« durch den Wald zu einer kleinen Lichtung und dann, steiler werdend, zur Grenze. Hier halten wir uns zuerst nördlich entlang der Grenze, bis wir über eine steinübersäte Wiese einen Steilhang erreichen, den wir nun mittels angebrachter Seilsicherungen queren. Weiter führt uns dann der markierte Weg durch Latschenrinnen zum Kamm und auf diesem zum Gipfel mit seinem großen Gipfelkreuz. Von hier bietet sich uns ein herrlicher Blick auf die Steiner Alpen und die Ostkarawanken. Der Abstieg zur Pasterkalm führt westlich über den Grat und dann nördlich zu einer Alm; nach dieser führt der Weg an einem Holzschlag steil abwärts. Nach ¾ Std. erreichen wir die verschlossene Hütte am Pasterksattel. Hier wenden wir uns südlich dem Weg unter den Felsen des Storschitz zu, der leicht abwärts zu unserem Ausgangspunkt führt.

63 **Wanderung:** Gallizien – Wildensteiner Wasserfall

Ausgangspunkt: Gallizien
Parken: im Ort
Höhenunterschied: 219 m
Wanderzeit: 3 Std.
Schwierigkeitsgrad: leicht!
Einkehr: Gasthof Zenkl, Gasthof Planteu

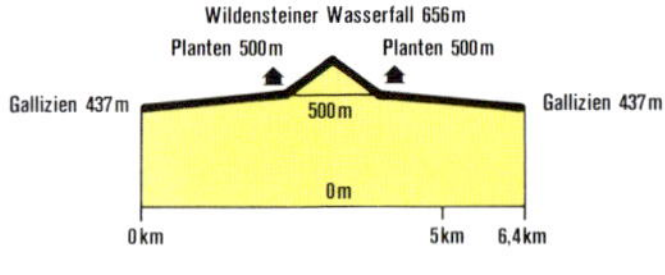

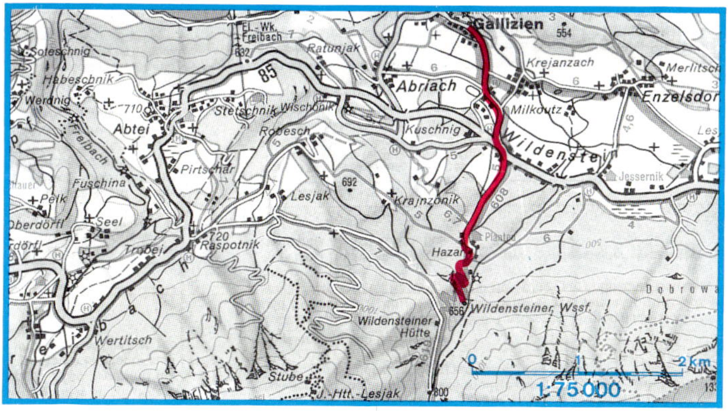

Tourenverlauf: Von Gallizien zuerst der Hauptstraße entlang, Richtung Eisenkappel. Wir verlassen den Ort und kommen am rechts der Straße gelegenen Fußballplatz vorbei nach Wildenstein, wo wir beim Gasthof Zenkl nach rechts abbiegen. Hier führt nun eine Asphaltstraße sanft ansteigend bis zum Gasthof Planteu; hier endet die befahrbare Straße. Rechts neben dem Gasthof beginnt nun der Waldweg, dem man gleich von Anfang an ansieht, daß er zu einem der meistaufgesuchtesten Ausflugsziele der Ostkarawanken führt. Vorerst führt der Weg durch Hochwald, dann wird er etwas schmäler; einige Betonstufen sowie Geländersicherungen machen ihn im enger werdenden Tal komfortabel. Nun wird bereits von Ferne das Rauschen des Wasserfalles hörbar, welchen wir auch nach kurzer Zeit erreichen. Imposant wirkt der Anblick des aus 54 m Höhe herabstürzenden Wildensteiner Baches. Wir steigen hinauf bis zur Höhle, die sich hinter dem Wasserfall befindet und können ihn hier aus einer neuen interessanten Perspektive betrachten. Nach einer genußvollen Rast auf einer der Bänke nahe dem Wasserfall treten wir den Rückweg am Aufstiegsweg an.

64 **Rundwanderung:** Grafenstein – Skarbin – Schloß Saager – Grafenstein

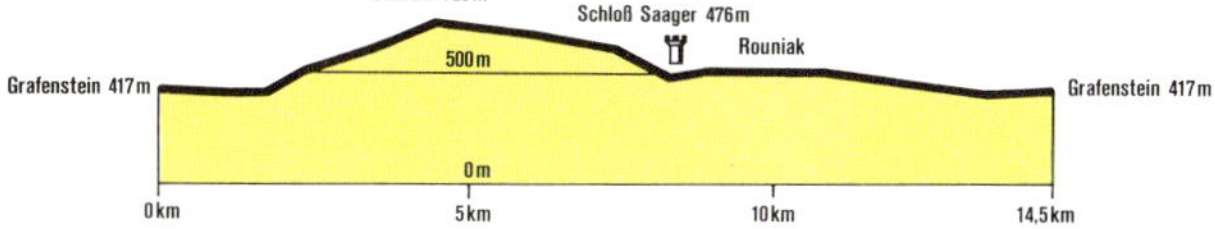

Ausgangspunkt: Grafenstein
Parken: Gemeindeamt
Höhenunterschied: 333 m

Wanderzeit: 3½ Std.
Schwierigkeitsgrad: leicht!
Einkehr: Gasthof Annabrücke

Tourenverlauf: Vom Gemeindeamt wandern wir auf der Straße in Richtung Eisenkappel, durchschreiten Zapfendorf und überqueren die Gurk, durchqueren die Ortschaft Sand, bis wir kuz darauf in einer Linksbiegung der Bundesstraße nach rechts Richtung Skarbin abbiegen. Hier steigt nun eine Asphaltstraße ziemlich gleichmäßig den bewaldeten Hang hinauf, der den

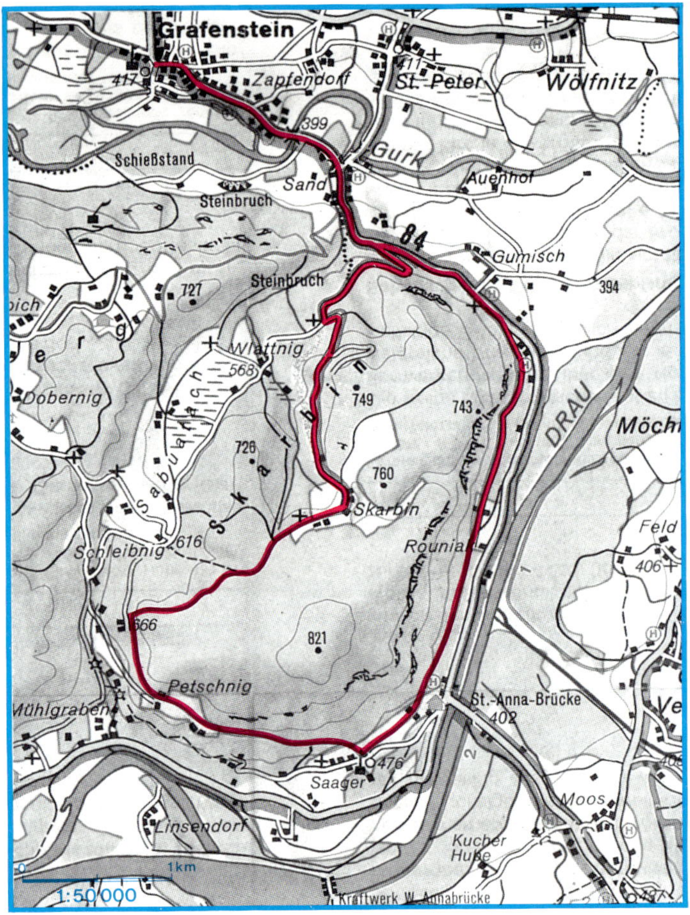

östlichsten Ausläufer des Sattnitzrückens bildet. Schon ziemlich weit auf der Anhöhe teilt sich die Straße und wir bleiben weiterhin links und erreichen nach etwas mäßigerem Anstieg Skarbin. Zeitweise bieten sich uns Blicke ins Jauntal und auf die östlichen Karawanken. Wir folgen nun einem nach Südwesten führenden Waldweg, auf dem wir ein paar Gehöfte passieren und dann bereits die aufgestaute Drau in Form des Stausees Annabrükke sehen. Wir folgen weiter dem jetzt stärker fallenden Weg und erreichen das Schloß Saager oberhalb von Annabrücke. Nach dem Schloß wandern wir bei der Gabelung geradeaus an einem Bildstock vorbei und bleiben immer etwas auf einer Anhöhe über der Bundesstraße; wir betreten erst wieder bei Gumisch die Straße und benutzen diese von hier so wie am Hinweg.

65 **Rundwanderung:** Um den Klopeiner See

Ausgangspunkt: Klopein-Seelach
Parken: Parkplatz rechts vor der Ortseinfahrt
Höhenunterschied: keiner
Wanderzeit: 1½ Std.
Schwierigkeitsgrad: leicht!
Einkehr: mehrere Gasthöfe an der Strecke

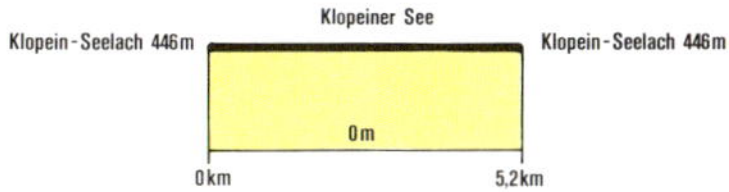

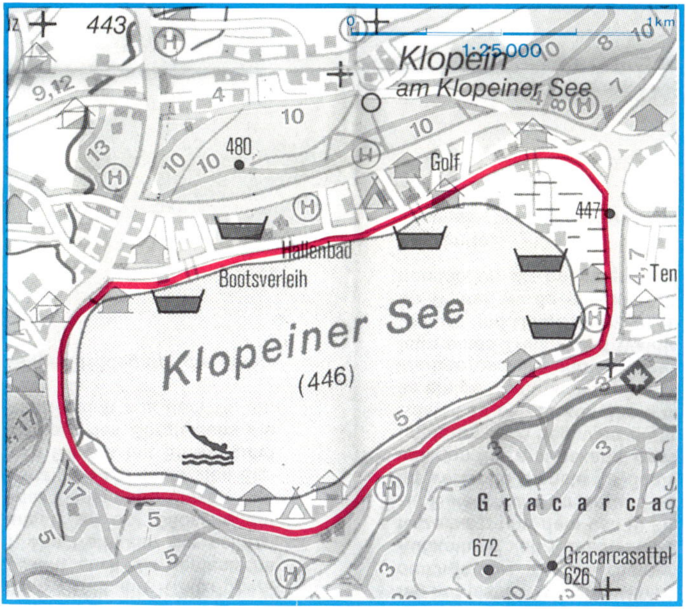

Tourenverlauf: Vom Parkplatz wandern wir durch den in der Hauptsaison sehr belebten Ort zum Westufer des Sees. Nach einiger Zeit kommen wir zu einer Gabelung, wo wir links Richtung Südufer abzweigen. Weitere 50 m später sehen wir links den Eingang zur Promenade (durch ein großes Fahrverbotsschild gekennzeichnet). Wir wandern nun kurze Zeit unter der bewaldeten Anhöhe der Gracarca entlang. Linker Hand bietet sich uns nun das Seeufer zur Betrachtung, für wenige Minuten genießen wir auch das einzige Stück, wo wir direkt am unverbauten Ufer entlang wandern können. Danach mündet der Promenadenweg wieder in die Straße ein, wir erreichen Unterburg mit seinen Strandbädern und befinden uns nach einer Linkskurve am Ostufer. Bei einer Straßengabelung (rechts ein Geschäft) biegen wir links ein, ein weiteres Mal links dann beim Hotel Römerhof. Nun wandern wir an der sonnigen Norduferpromenade, wo sich auch der größte Teil der Hotels und Beherbergungsbetriebe befindet. Da zur wärmsten Tageszeit hier entsprechender Betrieb herrscht, sollte diese Umwanderung des Sees in den Morgen- oder Abendstunden als angenehmer empfunden werden. Nach 20 Min. erreichen wir auf diesem Weg den Ausgangspunkt.

66 **Wanderung:** Klopeiner See – Turnersee – Gösselsdorfer See – Sittersdorf

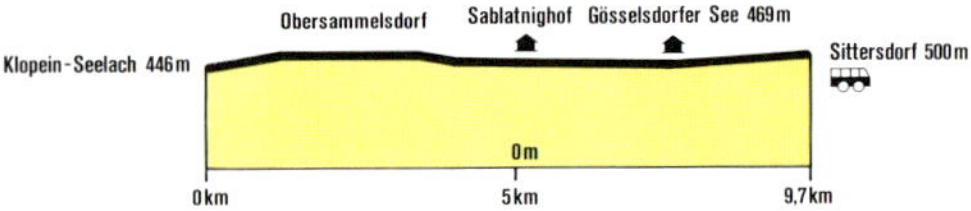

Ausgangspunkt: Klopein-Seelach
Parken: im Ort
Höhenunterschied: 110 m

Wanderzeit: 2½ Std.
Schwierigkeitsgrad: leicht!
Einkehr: mehrere Gasthöfe an der Strecke

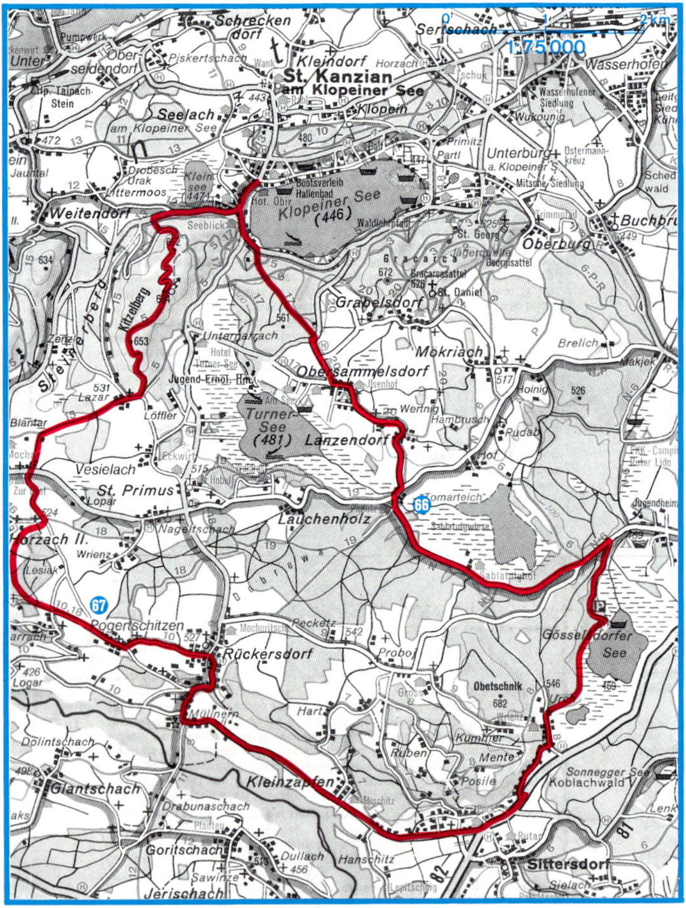

Tourenverlauf: Vom Ort Seelach am Seewestufer entlang südlich, dann die Abzweigung nach links zum Südufer. Bei einem Parkplatz zweigt nach rechts eine Schotterstraße, dann ein schmälerer Weg in den Wald ab. Nun führt der Weg ansteigend durch Mischwald, bis wir nach leichtem Gefälle die Straße erreichen; diese überqueren wir und wandern weiter am gekennzeichneten Weg nach Obersammelsdorf oberhalb des Turnersees. Hier durch das Dorf und weiter nach Lanzendorf. In der Dorfmitte folgen wir dem Wegweiser nach Lauchenholz. In einer darauffolgenden Senke, wo uns links und rechts dichter Schilfbewuchs umgibt, passieren wir einen kleinen Fischteich und folgen bei einer Weggabelung links dem WW »6 N«. Dieser führt uns nun längere Zeit durch den Wald. In einer Lichtung liegt links ein Gasthof, von hier weg weiter der Straße folgend, bis von rechts kommend die Straße zum Strandbad Gösselsdorfer See einmündet (Schild). Dieser folgen wir nun, passieren den größtenteils verschilften und sonst mit herrlichen Seerosen bewachsenen See. Ab dem Strandbad führt ein Weg zuerst durch den Wald, dann ziemlich parallel zur Bundesstraße nach Sittersdorf, wo wir per Bus entweder über Eberndorf zurückfahren können, oder als Rückweg die Wanderung 67 nehmen können.

67 **Wanderung:** Sittersdorf – St. Veit i. J. – Klopein

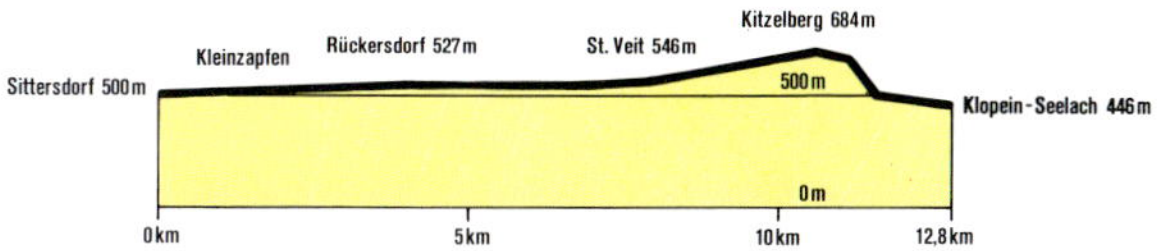

Ausgangspunkt: Sittersdorf
Parken: Nähe Bundesstraße
Höhenunterschied: 238 m

Wanderzeit: 3½ Std.
Schwierigkeitsgrad: leicht!
Einkehr: mehrere Gasthöfe an der Strecke
Karte: siehe Seite 114

Tourenverlauf: Von der Bushaltestelle an der Bundesstraße in Sittersdorf nach Süden und dann gleich rechts Richtung Müllnern. In Müllnern Richtung Rückersdorf einige Kehren den Berg hinauf. In Rückersdorf biegen wir kurz vor dem Feuerwehrhaus nach links nach Pogertschitzen ab. Hier dann durch den Ort, bis wir einen Gasthof erreichen (bereits in Obernarrach). Am Weg bis dorthin sehr schöne Ausblicke linksseitig ins Vellachtal und zum Hochobir. In Obernarrach bei einem Bildstock rechts und nach ca. 20 m wieder links in einen Seitenweg (WW 15), der uns über einen bewaldeten Hügel nach Horzach führt. Dicht nach diesem Dorf schließt St. Veit i. Jauntal an. Kurz vor Ortsende biegt unser Weg wiederum in einen Seitenweg nach rechts ab; vor uns sehen wir bereits den bewaldeten Rücken des Kitzelberges, bis zu dessen Südausläufer wir wandern und von dort über einen steileren Waldweg (markiert mit »5«) aufsteigen. Vor Erreichen des höchsten Punktes bietet sich bereits gelegentlich ein schöner Ausblick nach Südosten auf die schilfumgebenen Gewässer, beginnend mit dem Turnersee, sowie später nach Nordosten zum Klopeiner See. Den Abstieg nehmen wir über die Schotterstraße in nördlicher Richtung vor, die uns zur von St. Veit kommenden Straße führt. Von hier dann nach Osten, vorbei am Kleinsee Richtung Klopein-Seelach, von wo wir die Rückfahrt mit dem Bus über Eberndorf nach Sittersdorf antreten können oder als Rückweg die Wanderung 66 benützen können.

68 **Bergwanderung:** Klopeiner See – Gracarca

Ausgangspunkt: Unterburg
Parken: Nähe des Strandbades
Höhenunterschied: 330 m
Wanderzeit: 2½ Std.
Schwierigkeitsgrad: leicht!
Einkehr: in Unterburg

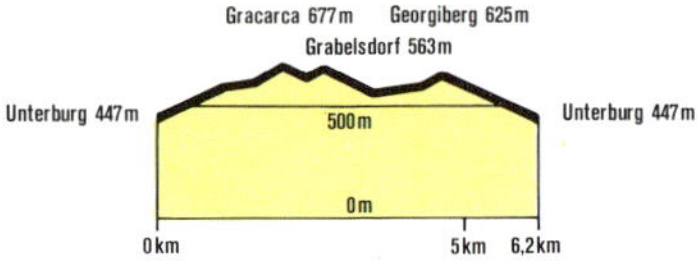

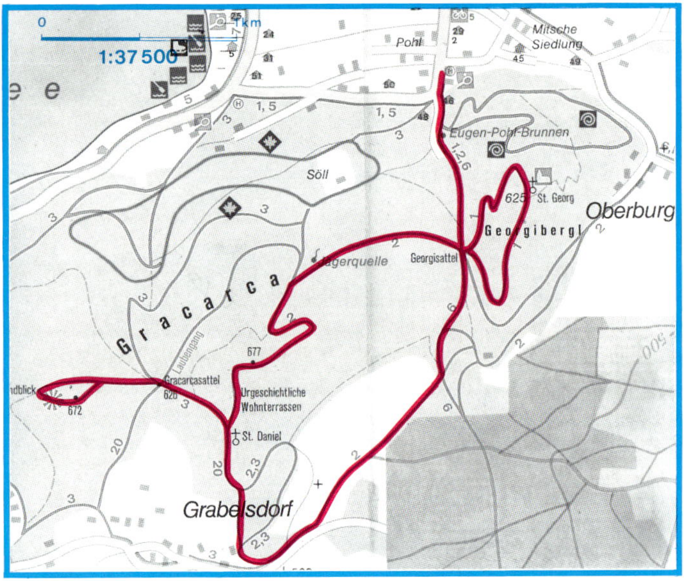

Tourenverlauf: Vom Strandbad ans Südufer und nach 100 m links in die Straße, die mit den Wanderwegbezeichnungen 1, 3, 5 versehen ist. Bei der Linkskurve, die in den Ort hinabführt, wandern wir nach rechts die Straße in die Gracarca hinauf, wo wir den Eingang zum Waldlehrpfad bzw. gegenüberliegend den Fitneßparcours passieren. Die Straße führt nun ziemlich steil bergan bis zum Georgisattel. Hier rechts dem WW 2 folgend, der vorerst etwas flacher ansteigend durch den Wald führt, in einer Lichtung bei der Weggabelung nun links hinauf in den Wald; der Weg führt nun über einige Serpentinen auf den höchsten Punkt dieser Wanderung, die Gracarca, wo, gut beschildert, eigenartige Hügelformen und Waldterrassen auf frühgeschichtliche Siedlungen hinweisen. Nach kurzem Abstieg zum Gracarcasattel führt ein 15minütiger Anstieg auf eine westlich davon gelegene Anhöhe, die uns einen sehr schönen Ausblick auf den See bietet. Nun wandern wir dieses Wegstück wieder zurück, vom Sattel abwärts zur Kirche von St. Daniel und danach wieder aufwärts die WW 2 und 6 zurück zum Georgisattel, von wo aus sich ein kleiner Rundgang hinauf zur gotischen St. Georgs-Kirche über den WW 1 lohnt. Danach wieder Abstieg über den Hinweg nach Unterburg.

69 **Rundwanderung:** Völkermarkter Stausee

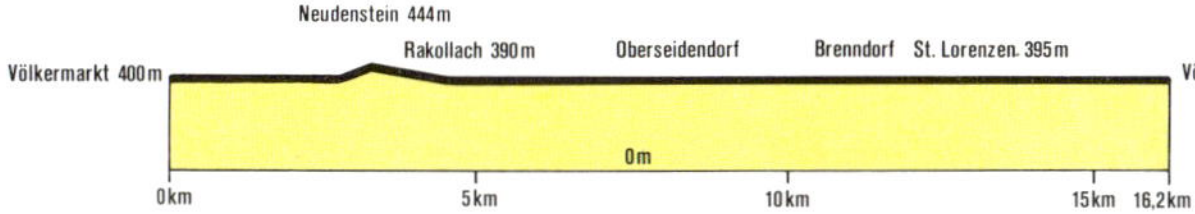

Ausgangspunkt: Völkermarkt
Parken: vor der Stauseebrücke, Nordufer
Höhenunterschied: 40 m

Wanderzeit: 5 Std.
Schwierigkeitsgrad: leicht!
Einkehr: mehrere Gasthöfe an der Strecke

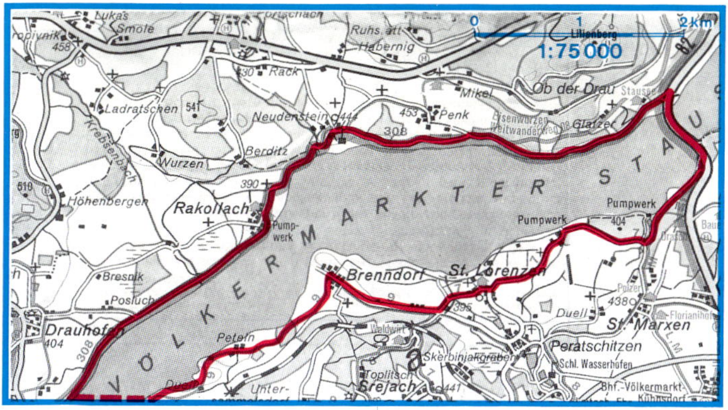

Tourenverlauf: Vom Ausgangspunkt wandern wir in westlicher Richtung am Gasthof vorbei und erreichen einen Laubwald, der uns auf einer Strecke von 3 km begleitet. Nach einiger Zeit lichtet sich der Wald und wir erreichen den Ort Neudenstein; das Schloß ist bereits eine Zeit vorher erkennbar. Der Weg mündet in eine Asphaltstraße ein, wir biegen links ab und wandern ein paar Kurven einen Hügel hinab und von der Brücke folgen wir wieder einer Schotterstraße; hier wird der See an unserer linken Seite durch einen Damm begrenzt, an dessen Fuß ab Sichtweite des Dorfes Rakollach unser Weg verläuft. Wir passieren das Pumpwerk und von hier bis zur nächsten Brücke ist der Weg nur mehr ein verwachsener Fahrweg. Beim Gasthof Rosenhof überqueren wir die Drau auf der Brücke und biegen danach gleich wieder in den Weg ein, der uns am Südufer nach Osten führt. Nach einer längeren Wanderung durch das Buschwerk und vorbei an ein paar Gehöften erreichen wir in Brenndorf wieder eine Asphaltstraße. Bei der Kreuzung vor der Brücke biegen wir nach links nach St. Lorenzen ab, bei der nächsten wieder nach rechts (WW 7 bezeichnet). Am Waldweg halten wir uns bei Gabelungen zweimal rechts, dann scharf nach links wieder hinauf zur Draubrücke. Über die Brücke erreichen wir den Ausgangspunkt am Nordufer des Stausees.

70 **Rundwanderung:** Mittertrixen – St. Margareten – Waisenberg – Mittertrixen

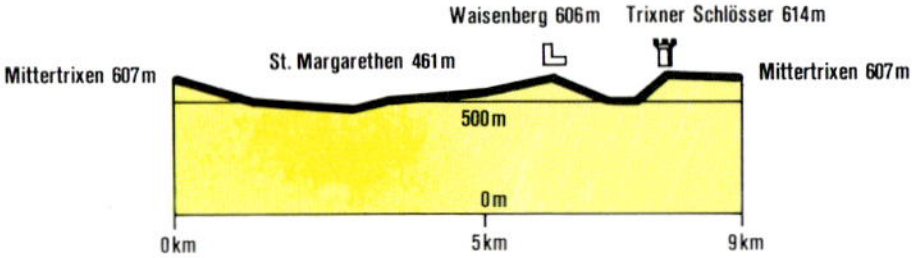

Ausgangspunkt: Mittertrixen
Parken: im Ort
Höhenunterschied: 155 m

Wanderzeit: 3 Std.
Schwierigkeitsgrad: leicht!
Einkehr: Gasthöfe an der Strecke

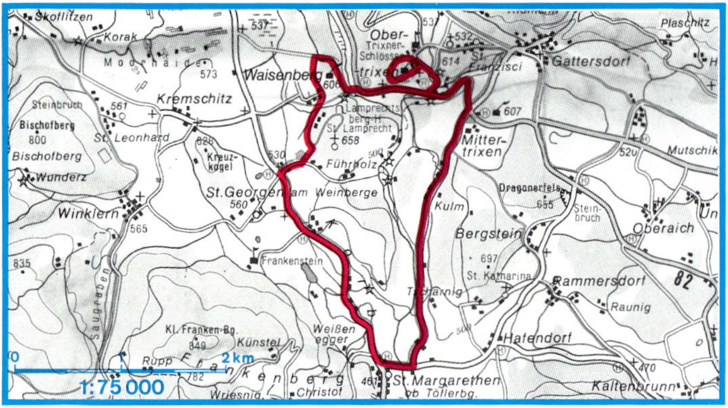

Tourenverlauf: Sollte jemandem manch Kärntner Touristenzentrum zu bevölkert werden, so sei diese Tour als Alternative geradezu empfohlen. Zum einen ist diese Wanderung sowohl von der Landschaft her idyllisch, zum anderen ob ihrer Burgruinen auch für den geschichtlich Interessierten anziehend. Wir beginnen in Mittertrixen und wandern am schmalen Sträßchen nach St. Margareten südwärts. Die Straße ist sehr wenig befahren, führt immer leicht abwärts und verbreitert sich erst kurz vor einer Kreuzung, wo wir rechts in den Ort St. Margareten abbiegen. Hier halten wir uns geradeaus und beginnen in einer Rechtskurve mit einem leichten Anstieg und folgen von hier aus der Straße nordwärts. Jetzt wandern wir stets nordwestlich Richtung St. Georgen. Bei einer Straßenkreuzung, wo die Straße links nach St. Georgen führt, zweigen wir aber rechts nach Führholz ab. Auf dieser Schotterstraße bleiben wir, bis wir nach dem 2. Gehöft links in einen Weg abbiegen, der unterhalb des auf einem steilen Felsen gelegenen Kirchleins St. Lamprecht vorbei nach Waisenberg führt. Dort liegt heute noch die Ruine der Festung, die zusammen mit den Trixner Burgen eine Sperre für den einst so wichtigen Weg ins alte Kärntner Bergbaugebiet Hüttenberg bildeten. Um den Festungsberg wandern wir nördlich herum und stoßen auf eine Schotterstraße, die uns nun abwärts zum Trixenbach und zur Hauptstraße führt. Bevor wir auf dieser den Ausgangspunkt erreichen, kann noch ein kurzer Aufstieg zu den linksseitig gelegenen Trixner Schlössern vorgenommen werden.

«Meerauge» im Bodental mit Vertatscha

Karawankenwanderweg

Karawankenwanderweg

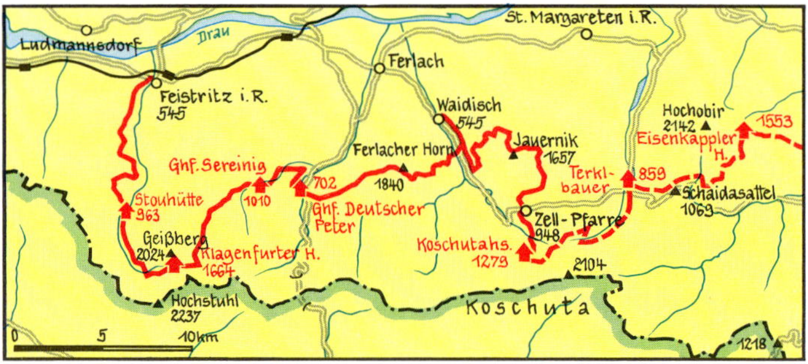

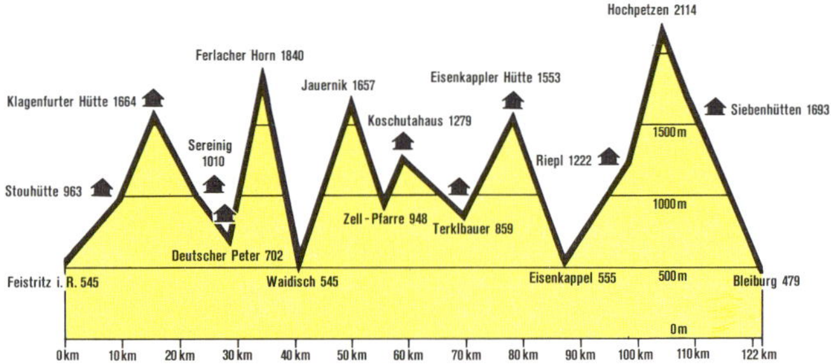

1. Tag: Feistritz i. Ros. —Klagenfurter Hütte, 1.664 m — Bodental (Gasthof Sereinig), 7½ Std. (leicht!)

Von Feistritz im Rosental wandern wir die Straße über Matschach zur Stouhütte. Danach weiter die Schotterstraße über die Johannsenruhe weiter ins Bärental, danach aufwärts zur Matschacher Alm sowie zur Rast auf der Klagenfurter Hütte. Danach folgen wir dem Steig, der hinter der Hütte Richtung Bodental beschildert ist und steigen dann über den Stinzesteig (gut gesichert) zuerst zur Ogrisalm dann weiter über den Ogrisbauern ins Bodental ab.

2. Tag: Gasthof Sereinig, Bodental — Gasthof Deutscher Peter, Loibltal — Ferlacher Horn, 1.840 m — Waidisch, 8 Std. (mittel!)

Vom Sereinig aus nehmen wir ostwärts den Steig über den Geißrücken und gelangen nach steilem Abstieg ins Loibltal zum Deutschen Peter. Nach kurzer Wanderung die Bundesstraße aufwärts biegen wir links zum Ferlacher Horn ab. Nach gemächlichem Anstieg zum Eselsberg erreichen wir den Gipfel über den Kamm. Von hier nehmen wir den Abstiegsweg in das im Osten gelegene Waidischer Tal.

3. Tag: Waidisch — Jauernik, 1.657 m — Zell-Pfarre — Koschutahaus, 1.279 m, 7 Std. (leicht!)

Von Waidisch folgen wir der Straße taleinwärts. 100 m nach einer Brücke

beginnt links der Weg über den Herpeschniksattel auf den Jauernik, einen schönen Aussichtsberg. Als Abstiegsweg benutzen wir den ostwärts führenden Steig zur Wrata sowie über das Uschnikkreuz, wo wir den Weg auf die Setice kreuzen. Hier nun weiter durch den Wald nach Zell-Pfarre, wo wir die Straße überqueren und gleich weiter leicht ansteigend den Weg südwärts bis zum Koschutahaus benutzen.

4. Tag: Koschutahaus – Gasthof Terklbauer – Schaidasattel – Eisenkappler Hütte, 1.646 m, 8 Std. (leicht!)

Vom Koschutahaus nehmen wir den bezeichneten Weg Richtung Koschutnikturm; beim Mejniksattel verlassen wir diesen Weg allerdings in östlicher Richtung und wandern entlang des hier noch sehr kleinen Freibaches zum Terklbauer. Nach einer Stärkung wandern wir die Asphaltstraße aufwärts zum Schaidasattel. Gleich hinter dem Sattel beginnt links der Weg zur Eisenkappler Hütte, unterhalb des 2.142 m hohen Hochobirs.

5. Tag: Eisenkappler Hütte – Eisenkappel – Gasthof Riepl, 1.222 m, 6 Std. (leicht!)

Von der Eisenkappler Hütte wandern wir ostwärts und verlassen die Straße nach einiger Zeit nach links und wandern über den Pruggersteig abwärts nach Eisenkappel. Dieser an der Südspitze Österreichs gelegene Markt ist Ausgangspunkt für zahlreiche Bergtouren in den Ostkarawanken. Wir setzen unseren Weg ostwärts in den Lobniggraben fort und erreichen nach leichtem Anstieg das Gasthaus Riepl, unsere letzte Station vor der Petzen.

6. Tag: Gasthof Riepl – Hochpetzen, 2.114 m – Siebenhütten, 1.693 m – Bleiburg, 7½ Std. (mittel!)

Über die Obere Luschaalm erreichen wir die Feistritzer Spitze, über den Südgrat den die Grenze bildenden Knieps, 2.110 m, mit seiner hervorragenden Aussicht und steigen nun zur Siebenhütte, der Bergstation des Petzenliftes, ab. Nach ausgiebiger Rast können wir nun nach Bleiburg über den langen Sessellift oder über den gut markierten Fußweg gelangen.

Alpengasthöfe und Unterkunftshütten

Alle Angaben ohne Gewähr! Bitte erfragen Sie vor Beginn der Wanderung im Talort die Bewirtschaftungszeit.

Afritzer Berge (Gurktaler Alpen)

Alpenrose, Hotel, 1.505 m, privat, Post: A-9520 Sattendorf, ganzjährig bewirtschaftet. Zugang: vom Berghotel Kanzelhöhe, 20 Min. Gipfel: Gerlitzen, 1.911 m, 1 Std. (leicht).

Berger, Alpenhotel, 1.800 m, privat, Post: A-9551 Bodensdorf, ganzjährig bewirtschaftet. Zugänge: von Bodensdorf auf asphaltierter Mautstraße; von der Kanzelbahn-Bergstation, 1 Std. Gipfel: Gerlitzen, 1.911 m, 20 Min.

Gerlitzenhaus, 1.900 m, privat, Post: A-9520 Sattendorf, ganzjährig bewirtschaftet. Zugänge: von der Kanzelbahn-Bergstation zu Fuß, 1¼ Std., oder mit dem Sessellift; von Arriach mit Kfz auf der Mautstraße.

Henckel-Donnersmark, Alpengasthof, 1.006 m, privat, Post: A-9560 Feldkirchen, ganzjährig bewirtschaftet. Zugang: von Steindorf, 1½ Std.

Kanzelhöhe, Berghotel, 1.500 m, privat, Post: A-9520 Sattendorf, ganzjährig bewirtschaftet. Zugänge: von Annenheim zu Fuß, 3 Std., oder mit der Seilbahn. Übergänge: zum Gerlitzenhaus, 1¼ Std.; zum Alpenhotel Berger, 1 Std.; zur Steinwenderhütte, 1¼ Std.; zum Alpengasthof Pacheiner, 1¼ Std.; zum Stifters Gipfelhaus, 1¼ Std. Gipfel: Kanzel, 1.489 m, ¼ Std. (leicht); Gerlitzen, 1.911 m, 1¼ Std. (leicht).

Pacheiner, Alpengasthof, 1.910 m, privat, Post: A-9543 Arriach, ganzjährig bewirtschaftet. Zugänge: von Arriach mit dem Kfz auf der Mautstraße; von der Kanzelbahn-Bergstation zu Fuß, 1¼ Std., oder mit dem Sessellift; von Annenheim, 4½ Std.

Pöllinger Hütte, 1.630 m, privat, Post: A-9520 Sattendorf, ganzjährig bewirtschaftet. Zugänge: von der Kanzelbahn-Bergstation zu Fuß, ½ Std., oder mit dem Sessellift. Gipfel: Gerlitzen, 1.911 m, ¾ Std. (leicht).

Steinwenderhütte, 1.457 m, privat, Post: A-9521 Treffen, ganzjährig bewirtschaftet. Zugänge: von der Kanzelbahn-Bergstation, 1¼ Std.; von Treffen, 3 Std. Übergänge: zu den Hotels und Gasthöfen auf der Gerlitzen, 1½ Std. Gipfel: Gerlitzen, 1.911 m, 1½Std. (leicht).

Stifters Gipfelhaus, 1.900 m, privat, Post: A-9543 Arriach, ganzjährig bewirtschaftet. Zugänge: von der Kanzelbahn-Bergstation zu Fuß, 1¼ Std., oder mit den Sesselbahnen; von Annenheim, 4½ Std.; von Arriach mit Kfz auf der Mautstraße.

Karawanken

Baumgartnerhof, Alpengasthof, 896 m, privat, Post: A-9583 Faak am See, bewirtschaftet vom 25. Dezember bis 15. Oktober. Zugänge: mit Kfz von Latschach oder zu Fuß, 1¼ Std.; von Finkenstein, 1½ Std. Übergang: zur Mitzl-Moitzl-Hütte, 2¼ Std. Gipfel: Mallestiger Mittagskogel, 1.801 m, 3 Std. (leicht).

Bertahütte, 1.567 m, Alpenverein, Post: A-9500 Villach, bewirtschaftet vom 1. Mai bis 30. September. Zugänge: von Untergreuth, 2 Std.; von Rosenbach, 3 Std.; von Mallenitzen, 2½ Std. Übergang: zum Baumgarnterhof, 2 Std. Gipfel: Ferlacher Spitze, 1.739 m, ½ Std.; Mittagskogel (Kepa), 2.145 m, 1¾ Std. (mittel).

Črnem vrhu, Koča na, Hotel, 1.162 m, privat, Post: YU-64270 Jesenice, ganzjährig bewirtschaftet. Zugänge: von Planina Sv. Križ, ½ Std.; von Jesenice, 2 Std. Übergang: zur Dom na Pristavi (Javorniški Rovt), 1 Std.

Deutscher Peter, Gasthof, 702 m, privat, Post: A-9163 Loibltal, ganzjährig bewirtschaftet. Zugang: mit dem Kfz auf der Loiblpaßstraße. Übergang: zum Alpengasthof Sereinig, 1 Std. Gipfel: Ferlacher Horn (Gerloutz), 1.840 m (mittel).

Eisenkappler Hütte, 1.646 m, Österreichischer Touristenclub, Post: A-9135 Eisenkappel, bewirtschaftet vom 1. Mai bis 15. Oktober. Zugang: von Eisenkappel, 3½ Std. (auch Fahrstraße); von Ebriach, 2 Std.; von Rechberg, 3 Std. Übergang: zum Gasthof Terklbauer auf dem Karawankenweg, 2 Std. Gipfel: Hochobir, 2.142 m, 1½ Std. (leicht).

Klagenfurter Hütte,1.664 m, Alpenverein, Post: A-9210 Pörtschach, bewirtschaftet vom 1. Juni bis 10. Oktober. Zugänge: von der Stouhütte, 2 Std.; von Feistritz im Rosental, 4 Std. Übergänge: zum Alpengasthof Sereinig, 2 Std.; zur Stouhütte, 1¾ Std. Gipfel: Bielschitza, 1.958 m, 1 Std. (mittel); Geißberg (Kosiak), 2.024 m, 1¼ Std. (mittel); Hochstuhl (V. Stol), 2.237 m, 2½ Std. (mittel).

Kofcah, Dom na (Kofcehaus), 1.505 m, Planiska Zveza Slovenije, Post: YU-64290 Tržič, bewirtschaftet vom 15. Juni bis 30. September. Zugang: von Tržič, 3½ Std.; von Podljublj, 2 Std. Gipfel: Verliki vrh (Hochturm), 2.087 m, 1½ Std. (mittel).

Koschutahaus, 1.279 m, Naturfreunde, Post: A-9170 Ferlach, bewirtschaftet vom 1. Juni bis 30. September. Zugang: von Zell-Pfarre zu Fuß, 1 Std., oder mit dem Kfz auf der Mautstraße. Übergang: zum Gasthof Terklbauer über den Mejniksattel, 2½ Std. Gipfel: Koschutnikturm, 2.136 m, 2½ Std. (nur für Geübte).

Mitzl-Moitzl-Hütte, 1.639 m, privat, Post: A-9583 Faak am See, bewirtschaftet vom 1. Juni bis 30. September. Zugang: vom Baumgartnerhof, 2¼ Std.

Prešernova koča na Stolu, 2.172 m, Planinska Zveza Slovenije, Post: YU-64270 Žirovnisca, bewirtschaftet vom 15. Juni bis 30. September. Zugänge: von Žirovnisca, 5½ Std.; vom Valvasorhaus (Valvasorjeva koča), 3 Std. Übergänge: zum Valvasorhaus, 2¼ Std.; zur Smučarski dom na Črnem vrhu, 2½ Std.; zum Roblekhaus (Roblekov dom), 3¾ Std. Gipfel: Hochstuhl (V. Stol), 2.237 m, ¼ Std. (leicht).

Pristavi, Dom na (Javorniški Rovt), 930 m, Planinska Zeveza Slovenije, Post: YU-64270 Koroška Bela, ganzjährig bewirtschaftet. Zugang: von Jesenice/Javornik, 1¾ Std.; von Pri rizah, 10 Min. Übergänge: zur Koča na Črnem vrhu, 1¼ Std.; zum Valvasorhaus (Valvasorjeva koča), 2½ Std.

Riepl-Wirtshaus, 1.222 m, privat, Post: A-9135 Eisenkappel, ganzjährig bewirtschaftet. Zugänge: von Eisenkappel auf dem Karawankenweg durch den Lobniggraben, 3 Std., auch Fahrstraße durch den Leppener Graben; von Globasnitz, 2½ Std. Übergang: nach Feistritz über die Feistritzer Spitze und den Knieps, 6 Std., bei Benutzung des Petzen-Sessellifts, ca. 4 Std.; nach Feistritz über die Feuersberger Spitze, 3½ Std. Gipfel: Feistritzer Spitze (Hochpetzen), 2.114 m, 2½ Std. (leicht); Topitza, 1.649 m, 1 Std. (leicht).

Roblekov dom (Roblekhaus), 1.757 m, Planinska Zveza Slovenije, Post: YU-64240 Radovljica, bewirtschaftet vom 15. Juni bis 15. September und vom 16. September bis 14. Juni nur am Wochenende. Zugänge: von Begunje, 3½ Std.; von Poljška planina, ¾ Std.; von Radovljica, 4½ Std. Übergänge: zur Smučarski dom na Črnem vrhu, ¾ Std.; zum Prešernova Koča na Stolu, 4½ Std.; zum Valvasorhaus (Valvasorjeva Koča), 4 Std. Gipfel: Hochstuhl (V. Stol), 2.237 m, 2½ Std. (leicht); Velikivrh, 2.060 m, 1 Std. (leicht).

Sereinig, Alpengasthof, 1.010 m, privat, Post: A-9163 Unterbergen, ganzjährig bewirtschaftet. Zugang: von Ferlach mit dem Kfz. Übergänge: zum Wirtshaus Bodenbauer, ½ Std.; zur Klagenfurter Hütte, 3¼ Std.; zum Gasthof Deutscher Peter, ¾ Std. Gipfel: Geißberg (Kosiak), 2.024 m, 4½ Std. (mittel).

Siebenhütten-Alpengasthof, 1.693 m, privat, Post: A-9143 St. Michael bei Bleiburg, ganzjährig bewirtschaftet. Zugang: von Bleiburg auf der Mautstraße, oder vom Gasthof Petzenkönig bei Feistritz mit dem Petzen-Sessellift zum Haus. Übergang: zum Riepl-Wirtshaus über den Knieps und die Feistritzer Spitze, 3 Std. Gipfel: Knieps, 2.110 m, 1 Std. (leicht); Feistritzer Spitze (Hochpetzen), 2.114 m, über den Knieps, 1¼ Std. (leicht).

Sumčarski dom na Črnem vrhu, 1.534 m, VE, Post: YU-64290 Tržič, ganzjährig bewirtschaftet. Zugänge: von Sv. Ana zu Fuß, 1½ Std., oder mit der Sesselbahn. Übergänge: zum Roblekhaus (Roblekov dom), 1 Std.; zum Prešernova Koča na Stolu, 3 Std. Gipfel: Veliki vrh, 2.060 m, 2 Std. (leicht).

Stouhütte, 960 m, privat, Post: A-9181 Feistritz i. Rosental, ganzjährig bewirtschaftet. Zugang: von Feistritz i. R. zu Fuß, 1¾ Std., oder mit dem Kfz. Übergang: zur Klagenfurter Hütte, 2 Std. Gipfel: Bärentaler Kotschna, 1.944 m, 3 Std. (mittel); Matschacher Gupf, 1.691 m, 2 Std. (mittel.)

Valvasorjeva Koča (Valvasorhaus), 1.180 m, Planinska Zveza Slovenije, Post: YU-64270 Žirovnisca, bewirtschaftet vom 27. April bis 10. Oktober. Zugänge: von Žirovnisca zu Fuß, 2 Std., oder mit dem Kfz; von Koroška Bela, 2½ Std. Übergänge: zum Prešernova koča na Stolu, 3 Std.;zum Roblekhaus (Roblekov dom), 3½ Std.; zur Dom na Pristavi (Javorniški Rovt), 2½ Std.

Orte · Hütten · Berge

Das große KOMPASS-Wanderkartenprogramm Alpen 1:50.000

Eine farbige Schnittübersicht der KOMPASS-Wanderkarten erhalten Sie kostenlos bei Ihrem Buchhändler oder beim Verlag.

● = Titel mit Kurzführer
□ = Titel mit Radwanderwegen
○ = Titel mit Langlaufloipen
△ = Titel mit alpinen Skirouten
* = Titel in Vorbereitung
Sondermaßstäbe siehe Titelverzeichnis

K 1a	Bodensee, westlicher Teil ● □
K 1b	Bodensee, östlicher Teil ● □
K 1c	Bodensee, Gesamtgebiet 1:75.000 ● □
K 2	Bregenzer Wald – Westallgäu ● □
K 02	Oberstaufen 1:25.000 ● □ ○
K 3	Allgäuer Alpen – Kl. Walsertal ● □
K 03	Oberstdorf – Kleinwalsertal 1:30.000 ● □ ○
K 4	Füssen – Außerfern ● □
K 5	Wettersteingebirge ● □
K 05	Oberammergau 1:35.000 ● □
K 6	Walchensee – Wallgau – Krün ● □
K 7	Murnau – Kochel – Staffelsee ● □
K 8	Tegernsee – Schliersee ● □
K 08	Tegernseer Tal 1:30.000 ● □ ○
K 008	Bayrischzell – Schliersee 1:35.000 ● □
K 9	Kaisergebirge ●
K 09	Kufstein – Kaisergebirge 1:30.000 ● □ ○
K 009	Oberaudorf 1:30.000 □
K 10	Chiemsee – Simssee ● □
K 012	Kössen – Zahmer Kaiser 1:30.000 ● □ ○
K 14	Berchtesgadener Land – Chiemgauer Alpen ● □ △
K 15	Tennengebirge – Hochkönig ● □
K 16	Traunstein – Waginger See ● □
K 17	Salzburger Seengebiet ● □
K 017	Salzburg und Umgeb. 1:35.000 ● □
K 18	Nördl. Salzkammergut ● □
K 018	Wolfgangsee 1:35.000 ● □
K 19	Almtal – Kremstal ●
K 20	Südl. Salzkammergut ● □
K 21	Feldkirch – Vaduz ● □
K 24	Lechtaler Alpen – Hornbachkette ●
K 25	Ehrwald – Lermoos – Mieminger Kette ●
K 26	Karwendelgebirge ● □
K 026	Seefeld (Tirol) 1:25.000 ● □ ○
K 27	Achensee – Rofangebirge ● □ △
K 28	Nördliches Zillertal ● □ △
K 29	Kitzbüheler Alpen ● ○ △
K 029	Kitzbühel 1:30.000 ● ○ △
K 30	Saalfelden – Leoganger Steinberge ●
K 030	Zell am See 1:30.000 ● □ ○
K 31	Radstadt – Schladming ● □ △
K 32	Bludenz – Schruns – Klostertal ● △
K 33	Arlberg – Nördl. Verwallgruppe ● △
K 35	Imst – Telfs – Kühtai ●
K 36	Innsbruck – Brenner ● □ △
K 036	Innsbruck – Igls 1:30.000 ● □
K 37	Zillertaler Alpen – Tuxer Voralpen ● △
K 38	Venedigergruppe – Oberpinzgau ● △
K 39	Glocknergruppe – Zell a. See ● ○ △
K 40	Gasteiner Tal – Goldberggruppe ●
K 040	Badgastein – Bad Hofgastein 1:30.000 ●
K 41	Silvretta – Verwallgruppe ● △
K 42	Landeck – Nauders ● △
K 43	Ötztaler Alpen ● △
K 44	Sterzing/Vipiteno ● △
K 45	Defereggental – Lasörlinggruppe ● △
K 46	Matrei (Osttirol) ● △
K 47	Lienzer Dolomiten ●
K 047	Lienzer Talboden 1:25.000 ● ○
K 48	Kals am Großglockner ● △
K 49	Mallnitz – Obervellach ●
K 50	Heiligenblut – Döllach ● △
K 52	Vinschgau/Val Venosta ● △
K 53	Meran/Merano ●
K 053	Meran 1:25.000 ●
K 54	Bozen/Bolzano ● △
K 054	Lana 1:25.000 ●
K 55	Cortina d'Ampezzo ● △
K 56	Brixen/Bressanone ● △
K 57	Bruneck – Toblach ● △
K 58	Sextener Dolomiten ● △

K 59 Sellagruppe – Marmolata ● △
K 60 Gailtaler Alpen – Karnische Alpen ●
K 61 Wörther – Ossiacher See ● □
K 061 Wörther See – Klagenfurt 1:30.000 ● □
K 63 Millstätter See – Nockgebiet ●
K 063 Bad Kleinkirchheim 1:25.000 ● ○
K 64 Villacher Alpe – Unteres Drautal ●
K 064 Villach – Warmbad Villach 1:22.500 ●
K 65 Klopeiner See – Östl. Karawanken ● □
K 065 Klopeiner See 1:25.000 ●
K 66 Maltatal – Liesertal ●
K 67 Radstädter Tauern – Lungau ● △
K 68 Ausseerland – Ennstal ● △
K 69 Hinterstoder – Windischgarsten ● ○ △
K 70 Gesäuse – Ennstaler Alpen ●
K 71 Adamello – La Presanella △
K 72 Ortler/Ortles – Cevedale ● △
K 73 Gruppo di Brenta ● △
K 073 Dolomiti di Brenta 1:30.000 ● △
K 74 Tramin/Termeno – Cavalese ● △
K 75 Trento – Levico – Lavarone
K 76 Pale di San Martino ● △
K 77 Alpi Bellunesi
K 78 Asiago – Cette Comuni ● △
K 80 Großarltal – Kleinarltal ●
K 81 Wörgl – Hopfgarten – Gerlos – Wildschönau ● △
K 82 Tauferer – Ahrntal/Valle di Tures △
K 83 Stubaier Alpen – Serleskamm ● △
K 85 Mont Blanc/Monte Bianco ● △
K 86 Gran Paradiso – Valle d'Aosta ● △
K 87 Breuil/Cervinia – Zermatt ● △
K 88 Monte Rosa ● △
K 89 Domodóssola ● △
K 90 Lago Maggiore – Lago di Varese ● △
K 91 Lago di Como – Lago di Lugano △
K 92 Chiavenna – Bergell/Val Bregaglia
K 93 Bernina – Sondrio ● △
K 94 Edolo – Aprica
K 96 Bormio – Livigno – Corna di Campo ● △
K 97 Omegna – Varallo – Lago d'Orta ●
K 100 Monti Lessini ●
K 101 Rovereto – Monte Pasubio
K 102 Lago di Garda – Monte Baldo ●
K 103 Le Tre Valli Bresciane △
K 104 Foppolo – Valle Seriana ● △
K 105 Lecco – Valle Brembana ● △
K 120 Europäischer Fernwanderweg E5 Teilstrecke Nord: Konstanz – Braunschweiger Hütte ●
K 121 Europäischer Fernwanderweg E5 Teilstrecke Süd: Braunschweiger Hütte – Giazza ●
K 134 Glantal – St. Veit
K 179 Pfaffenwinkel – Schongauer Land ● □
K 0179 Bad Kohlgrub 1:10.000/1:35.000 ●
K 180 Starnberger See/Ammersee ● □
K 0180 Radwanderkarte Fünfseenland ● □
K 181 Rosenheim – Bad Aibling ● □
K 182 Isarwinkel ● □
K 183 Freising – Erding – Markt Schwaben ● □
K 0184 Bad Wörishofen 1:20.000 ● □
K 186 Oberschwaben – Leutkirch ● □
K 187 Isny – Wangen ● □
K 188 Kaufbeuren – Ostallgäu ● □
K 189 Landsberg/Lech – Ammersee ● □
K 190 Augsburg – Dachau – Fürstenfeldbruck ● □
K 207 Wachau – Nibelungengau ● □
K 209 Wienerwald 1:35.000 ● □ ○
K 215 Neusiedler See ●
K 640 Nice – Monaco – San Remo ●
K 641 Alassio – Imperia ●
K 642 Savona – Varazze*
K 643 Genova – Rapallo – Sestri (Levante)*
K 644 Cinque Terre – La Spezia*

K 633 **KOMPASS-Auto- und Wanderatlas Südtirol – Dolomiten** 1:75.000 ●

KOMPASS-Wanderkartenprogramm Italien 1:50.000

Sondermaßstäbe siehe Titelverzeichnis

K 600 Colli Euganei – Abano Terme 1:14.000/1:30.000 ●
K 650 Isola d'Elba 1:30.000 ●
K 660 Firenze – Chianti ●
K 661 Siena e dintorni*
K 664 Gubbio – Fabriano ●
K 665 Assisi – Mte. Pennino – Camerino ●
K 666 Monti Sibillini ●
K 667 Monti della Laga
K 668 Monti Reatini*
K 669 Gran Sasso d'Italia*
K 670 La Maiella*
K 680 Isola d'Ischia e Procida 1:10.000/1:15.000 ●
K 681 Isola di Capri 1:7.500 ●
K 682 Penisola Sorrentina ●
K 693 Isole Eolie o Lipari 1:25.000 ●

Titel der KOMPASS-Wanderbücher

Österreich
901 Reutte-Außerfern
902 Ötztal-Pitztal
903 Zillertal-Gerlos
904 Kitzbüheler Alpen
905 Kufstein-Kaisergebirge
906 Stubaital-Wipptal
907 Karwendel-Rofan
908 Innsbruck-Seefeld
909 Kaunertal-Samnaun
910 Arlberg-Silvretta
911 Bludenz-Montafon
912 Bregenzer Wald
913 Lienz-Osttirol
914 Zell am See-Oberpinzgau
915 Lofer-Saalfelden
916 Salzburg-Tennengau
917 Gasteiner Tal-Pongau
918 Salzkammergut-Dachstein
919 Glocknergruppe
978 Mölltal-Maltatal
979 Wachau-Nibelungengau
980 Wienerwald
981 Klagenfurt-Kärntner Seen
982 Gailtal
983 Villach-Nockgebirge

Deutschland
920 Berchtesgadener Land
921 Chiemgau-Bayer. Inntal
922 Tegernsee-Schliersee-Bad Tölz
923 Garmisch-P.-Werdenfelser Land
924 Pfaffenwinkel-Ostallgäu
925 Allgäuer Alpen
940 Insel Sylt

Italien
950 Vinschgau
951 Meran-Burggrafenamt
952 Überetsch-Unterland
953 Bozen-Salten-Schlern
954 Eisacktal
955 Pustertal
956 Dolomiten
957 Brentagruppe
966 Klettersteige Dolomiten-Nord
967 Klettersteige Dolomiten-Süd

Titel der KOMPASS-Stadtführer

Österreich
501 Innsbruck-Igls-Hall
510 Salzburg
520 Wien
530 Graz
535 Klagenfurt-Wörther See

Deutschland
580 München

Italien
540 Brixen-Klausen
545 Bozen
550 Meran
555 Trento (Trient)
560 Venedig
564 Florenz
568 Rom

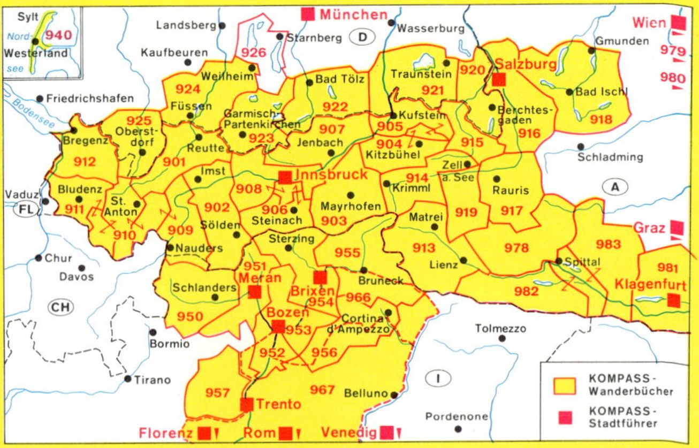